今さら聞けない、大人のマナーとエチケット

「平服でお越しください」さて、どうする？

小山高夫

ワニブックス
|PLUS|新書

はじめに

二〇一二年（平成二十四年）の夏頃からだと思う。各テレビ番組で「躾」「行儀作法」という言葉が頻繁に聞こえてきた。その頃、巷では学校のいじめ問題が大きなニュースとなっていた。

とくに私が大好きなコメディアン・映画監督の北野武さんが、ご本人の番組のなかで「躾」や「作法」という言葉をよく使われていた。

そのひとつ、「ビートたけしのＴＶタックル」（テレビ朝日）では、いじめ問題について、「いじめの結論として、学校の先生・親たちが、日本人が昔から培ってきた作法や尊徳をまったく教えていない。あるいは、知らない時代になったというのが原因だ。もっと文化や作法を、親も含めて子供たちに身につけさせるべきだ!!」と武さんが発言していた。

「たけしのニッポンのミカタ」（テレビ東京）では、女優の八千草薫さんをゲストに招いて「ニッポン人らしさよどこに行った？」というテーマで、失われつつある日本人らしさについて語っていた。

そのなかで、大阪のある保育園では子供たちに礼儀やマナーを徹底的に躾けるというエピソードがあり、それは「親が躾られないからだ」と指摘していた。

また、埼玉の進学塾では他人に迷惑をかけない傘の差し方や電車内のマナーを教えていると報告され、それに関しては「わが子の躾に自信が持てない、あるいは躾ができていない親が多いからで、躾を真面目に考えないといけない」と語られていた。

その放送前に放映された同番組では「ゆとり教育が日本をダメにしたのではないか？」というテーマの回があり、そこでも「ゆとり教育から子供たちへの躾がダメになった。今こそ、躾や作法を教えるべきである」と語っていた。

私は北野武さんが発する言葉に、いつも「まさに、そうだ！」と共鳴し、武さんが躾や行儀作法について語るたびに、礼儀やマナーに関する本の執筆の意を強くしていった。

マナーやエチケットという言葉の響きからすると、どこか「上品」とか「気取った」

感じに受け止められがちである。しかし、マナー＝躾と行儀作法、エチケット＝礼儀作法と考えれば、それは自分たちの生まれ育った家庭環境の問題として捉えられるのではないだろうか。

いじめや、親の子供への暴力等々の社会現象は、社会・政治の悪さ、学校や教育の問題として片づけられるが、その根底には「躾・行儀・礼儀作法」があると私は考えている。

日本には四季があり、世界にまれなる美しい国である。この原稿を書いている季節は、銀杏は黄金色に輝き公園は美しい紅葉に染まっている。こんなに美しい日本をいつまでも残すためにも、私たちも内から美しい日本人にならないといけないと思う。

日本の美しい風土のなかから生まれてきた「躾・行儀・礼儀作法」は、この国を築いてきた先人たちからの遺産である。それが、独自の文化となり世界の中で日本という国のアイデンティティを確固たるものにしてきた。それを受け継いでいくのは、私たちの責任であり義務でもある。

どんなに大きな大河であっても、水源の小さな一滴がなければ涸れてしまう。マナー、エチケットである「躾・行儀・礼儀作法」も、その国、そこに住まう人々の源である。これが、その国独自の文化にも成長していくものでもある。

私は企業人としての現役を退いてから、さまざまなところから講演を依頼される機会に恵まれた。そのときの主なテーマは、

「今さら訊けない冠・婚・葬・祭のマナー講座」

二十代〜三十代初めの年齢層なら「若いから仕方ない」と目こぼししてもらえたことも、ある年代を過ぎると世間一般では「常識がない」と見られてしまう。ある年齢以上になったら、「冠婚葬祭」の基本は知っていてほしい。さらに、「人に訊かれる」立場にもなるのだから。

たとえば、「いい歳をした大人」になった〝我が子〟〝部下〟に、冠婚葬祭の場に出るときの本当のマナー・エチケットを自信を持って教えられますか?

間違った立ち居振舞いを見分け、的確なアドバイスができますか?

日本の文化を勉強したいと、期待して来た外国人に説明できますか? むしろ、教え

られていませんか？

冠婚葬祭・マナー・エチケット・しきたりに関してのハウツー本、辞典の類いは数多く出版されている。

そのようななかで、私は葬儀・婚礼の業界に飛び込んだ当初から〝顧客の立場からの視点〟を座右の銘として接客に努めてきた。

そこで学び、実践した多くの事柄を数々の講演でお話しするうち、聴衆の皆さんが「言われてみれば、知らないことばかりだ」と、おっしゃる場面に何度も接した。また、多数の友人からの後押しもあり出版を決意した。

この出版には私自身の事情も関係している。二〇一三年（平成二十五年）、私は〝古稀〟の祝いをする。

また、二〇一一年（平成二十三年）下半期からＮＨＫで放映されていた朝の連続テレビ小説「カーネーション」を毎日観ていて、主役の糸子（モデルはコシノ三姉妹の母・

小篠綾子さん）の生き方に感動と共鳴をしていた。あるとき、NHKテレビのアーカイブスで、ご存命中の小篠綾子さんと三姉妹が出演されていた。そのなかで語られる数多くの小篠綾子語録を私はメモしていた。

語録1：与えるは得るよりも幸せ。
（幸せを得るために→忍耐強く・捨てない・努力する）
語録2：自分が変われば、他人も変わる。
（人に何かをする→人生は宝だらけ）
語録3：正直であることが人とのつながり。
（自分に対して・他人に対して→正直であること）
語録4：心に青春を。
（青春とは心のあり方である）

そのときの放送のタイトルは、

「生涯青春〝カーネーション〟小篠綾子の人生」

七十歳からの挑戦、〝目的と理想〟がなくなると生きていけない。

七十歳にして、ご自身のブランドを立ち上げ成功させていかれる人生を目の当たりにして、私は意を固めた（その日の日誌には以下のように書いている）。

「小篠綾子さんに〝学ぶ〟。私はこの人の生き方から、ヨシ!!

七十歳からの人生があるのだ!!　七十歳からが大切な時代なのだ!!

私は何をすべきか？　何をしたいのか？」

そして、私の七十歳の年に自分がこれまで冠婚葬祭業のなかで得た〝日本の文化〟を後世に少しでも残したい、という「目的」と「理想」がハッキリした。

どのような内容にしていくか、私なりに考えた。マナーというのは躾である。それを語るためにも私自身が育ってきたなかからの躾、行儀作法をお伝えすることが、まずは基本なのではないか。そのような想いでまとめてみたのが本書である。

これから世界のなかで日本人が日本人として活躍していくためにも、美しい日本のマナー・エチケット・しきたりを知っておいていただきたい。そして、日本の伝統文化を大切にしていただきたいと願っている。

目次

第一章

京都のしきたり、東京のしきたり

よき時代を生きてきた

私は、一九四三年（昭和十八年）に京都で生を受けた。太平洋戦争の最中である。物心がついた頃には戦争は終わり、戦後の復興が始まっていた。

戦中から戦後、人々は必死に生きていた。みんな生きることに精一杯だった。でも、人々はそれなりに寄り添い、礼節を持って過ごしてきた。

私は伝統と文化を大切にする京都で生まれ、幼少の多感な時期を京都で過ごしてきたので、とくにそのように感じるのかもしれない。

終戦から立ち上がった日本は、失うものなど何もないように成長していく。あるとき、国民すべてが中流意識となりサラリーマンの時代となっていく。郊外には文化住宅、団地が生まれ、日本のなかに西洋文化が根づきはじめる。洋式トイレが団地に設置され、便所が臭いものだという感覚が薄れてゆく。

戦争を知らない子供たちは、社会に向かって主張を始める。時代の勢いが多くのエネルギーを生んでいった。世の中は所得倍増計画から高度経済成長期に向かい、バブル経済期へと突入するのである。誰もが、日本は右肩上がり、縮小していくことはないと考えていた。かくいう私もそうである。

小学校六年生の二学期から東京に移り住み、大学卒業と同時に結婚した。最初に就いたアパレル関係の仕事をしているときにバブル絶頂期を迎えた。企画した商品は次々にヒットした。そんななかでＡＳＥＡＮ諸国が力をつけてきた。調子に乗って事業を拡大したために借金も膨らみ、ある時期を境に私はサービス業に転身する。

その後、葬祭業、婚礼業に関わり、しきたり・マナー・エチケットを生業とするなかで経験し数多くのことに気づかされ、また人生の糧にもさせてもらった。生まれたときは不幸な時代であったが、その後の人生は素晴らしい時代であった。つくづく、よき時代に生きてきたと思う反面、時が経つのは速いと感じる。

何か忘れてはいないだろうか

ところが、この頃は何だか世の中がおかしな具合になりかけている。学校では陰湿ないじめが横行し、自殺する子供も増えている。二〇一一年（平成二十三年）三月十一日には東日本大震災が発生し、沿岸部は巨大津波で未曽有の被害が生まれた。福島県では原子力発電所が破壊され大量の放射能が拡散した。その復興もままならない。

そして、最近では国際社会が危うくなってきた。とくに領土問題では日本はミスばかり起こしているように感じる。

二〇一二年九月中旬、中国で大きな反日デモが起きたとき、私はテレビを見ていて「これは、まずい！」と思ったシーンが頭から離れない。

二〇一二年九日（平成二十四年）、ロシアのウラジオストックで開催されたＡＰＥＣ（アジア太平洋経済協力）で、中国の胡錦濤《こきんとう》国家主席と日本の野田佳彦総理（当時）が十五分間ほど立ち話をしたシーンである。

中国は主従関係に大変厳しい。たとえば、仕事で中国を訪れ中国側の人たちと会食するとしよう。すると「誰がトップで全員の主従関係はどうなのか」と聞かれる。それによって席順が決められる。中国側のスタッフを私たちが招待するときも同じ。先方の主従関係を把握した上で席順を提示しなければならない。つまり、上座・下座の関係に非常に厳格なのである。

さて、中国と日本の両首脳の立ち話のシーンを思い出していただきたい。

胡錦濤国家主席は部屋の壁を背にした位置に立ち、野田総理は通路側に立っていた。偶然そのようなポジションになったのかもしれない。しかし、壁を背にした側と通路側では明らかに壁を背にしたほうが上座に見える。しかも、そのときの両首脳の表情が問題である。胡錦濤国家主席は目線をまっすぐ野田総理に向けているのに対し、野田総理は終始目線を下げていた。

これを主従関係に厳しい中国の人たちが見ていたらどのように思うだろうか。明らかに胡錦濤国家主席が主で野田総理が従に見えたはずである。しかも、その内容が微妙な領土問題に対してである。勝手な憶測かもしれないが、中国側の主張に対して、日本側が多少の理解を示したように中国側が受け取ったのではないだろうか。少なくとも対等には映らなかったはずである。

ところが、その二日後に日本は尖閣諸島の国有化を閣議決定した。領土問題はさておき、このときの立ち位置からの主従関係を中国の人たちが見ていたら、従の造反、裏切りと感じたのではないだろうか。あのとき、壁と通路という関係ではなく、お互いが壁を横にして並列で立ち、目線を合わせた話し方をしていれば、あれほど大きな反日デモには発展しなかったのではないだろうか。

私が言いたいことは、この頃の日本人はマナーやエチケット、そして、しきたりということを忘れかけているのではないか、ということである。些細なことだが、同じ町内に住まう人同士で目が合ったときに「こんにちは」と声をかけるようなことも薄れてきている。

学校でいじめの問題が起きるのも、マナーやエチケットを知らないことが根本にはある気がする。それが国際間で起きたときには大きな不幸に発展する。どうしても、そのような危惧を感じてしまうのである。

私はよき時代を生きてきた。これからの人生は余生かもしれない。だからこそ、私が生きてきた時代の、人間関係を良くするための大切なマナーやエチケット、そして、しきたりを再確認していただきたいと感じたのである。なかでも、挨拶は心と心を結びつける架け橋である。橋を架けなければ他人とはつながらない。

京都から東京へ

私はルール、マナー、エチケット、その土地のしきたり、ということにこだわりを持っている。何故か。それは、私が幼少の多感な時期に京都から東京に移り住んだことに起因していると思う。小学校六年生の一学期までが京都で、それ以降が東京の神田である。

小学校六年生の夏休みに、東京の叔父のところに祖母と姉と来て、初めての東京を楽しんで帰ると、突然、東京に転校する話になった。京都では姉と兄が通う「同志社」へ行くものと自分では思っていたが、母は私を「学習院」に行かせたかったようである。

私の実家は塗装業で、祖父は日本で初めての東京のペンキ屋（市川商店）へ弟子入りした。明治時代に美術的な塗装を勉強したいと、横浜からフランスに密航しようとして捕まったほどの人物だった。弟子入りしたペンキ屋に奉公しているとき、京都御所の紫宸殿《ししんでん》を和塗りから洋塗りに変える話が持ち上がった。そこで、祖父は〝暖簾わけ〟をしてもらい京都で塗装業を始めた。

祖父は初代玉之助（現・神奈川県厚木市の出身）と名乗っていた。父は二代目玉之助を襲名し、三代目は兄が継ぐことが周知の事実だった。

母方のご先祖は、五摂家《ごせっけ》のひとつである鷹司家《たかつかさけ》の第一家老で、要するに公家・御所系であった。ちなみに、五摂家というのは鎌倉時代に成立した藤原氏嫡流で公家の家格の頂点に立った五家のことで、近衛家・九条家・二条家・一条家・鷹司家の五家である。

そのことを誇りにしていた母は、ご先祖が京都御所のなかにできた「学習院」に学んでいたことが自慢だった。そのようなことから、末っ子の私はせめて「学習院」に通学させたいという思いが強くあったようだ。

一九五五年（昭和三十年）九月五日、私は叔父に連れられて夜行列車に乗った。座席は特二（特別二等車）の蒸気機関車だった。当時の東海道線は米原までしか電化されていなかった。

　東京に着いた翌日は二学期の始まりで、千代田区立淡路小学校に転校生として登校した。その後、多くのカルチャーショックを受けた。

　まずは言葉の違いである。神田のチャキチャキの江戸弁のなかで、京都訛の私は明らかにテンポが違う。クラスメイトと話していてもクスクス笑われ、喋ることについ気後れしてしまうようになった。

　また、転校目的が私立校への受験であると公言すると、ますます妙な目で見られた。公立小学校から私立校へ受験すること自体が稀な時代であったからだ。

　カルチャーショックの最たるものは食事である。京都では子供でもおかずは一人ずつ小皿に分けて出されていた。京都の実家のしきたりとして、子供の分を親の食べ物から小皿にとって与えることは一切してはいけない。漬物くらいは一つ盛りのこともあるが、菜箸で自分の食べる分だけ取り分ける。しかも、漬物は自分のおかずがなくなってから食べるもので、いきなり手を付けてはいけない。とくに京都の母方はうるさく、こだわっていた。それだけに、小さな頃から箸の持ち方にはうるさかった。

また、食事のときに水やお茶を飲みながら一緒に食べてはいけない、という小山家のしきたりがあった。子供に対してよく噛んで食べなさいという教えとともに、父方のご先祖は関東の武家だから、いざというときに水やお茶がなければご飯が食べられないのは生死に関わる、という教えもあったようだ。

ところが、東京の育ての叔父の家では揚げ物でも何でも一つ盛りで出てきた。それまでは、量は少なくても子供なりに盛られていたものが、東京ではなかった。同時に水やお茶が出てきたのにも、びっくりした。

また、初めて東京で正月を迎えたとき、儀式の多い京都の正月とあまりに違うことにも驚いた。子供心に何でこんなに違うのかと思い、京都の母に会う度に問いただしたものだった。

京都文化と江戸文化

京都と東京の違いを土地のしきたり、と一言で片づけてしまうこともできたが、私には解らなかった。何が正しいのか、どちらが正しいのか。もちろん、それを一つに決めつけることはできない。その家、その土地のやり方には他人が口を挟むものではない。だけれども、東京に住むことになって、その違いは何なのかと、とても気になってきた。

それは、端的に表現すれば、京都の貴族社会と江戸の武家社会の違いでもある。

京都の母は先祖が公家方だということを誇りにし、京都の厳格なしきたりを身につけ、それを守っていた。父方は関東の出であったが、御所出入りの職人で徒弟制度も厳しく、しきたりでも厳格なところがあった。

京都の中心は御所で、その周りに商人や職人が住み、それぞれの文化を形成していたが、両親ともに御所と関わりがあったことから、我が家では京都的なしきたりが色濃く残っていた。

それに対して東京の叔父の家は、江戸の職人気質が強かった。東京は江戸から始まり武家文化を中心に栄えてきた。そのなかで何々流とかいろんな作法が生まれてきたが、すべて武家社会のしきたりから出てきている。

これが大きな違いであった。読者の皆さんにとっては、そんなことはどうでもよいではないか、と言われそうである。

ところが、このようなことを知っているかどうかが、後に大きな差となって現れてくるのである。

サービス業に転身して接客ビジネスをしていたときである。接客の一流とは、マナーやエチケットに精通していることが条件だと思っていた。しかし、それだけでは足りないことも痛感させられた。

私が日比谷の帝国ホテルに店舗を構えていたハツコ エンドウ ウエディングス（元遠藤波津子きものさろん）に勤務していたときのことだ。日本一のホテルと「貸衣装や婚礼美容」で一流の老舗には、さまざまなお客様が全国から来られる。そのような人たちと接客するときにマナーやエチケットは当たり前であるが、その先に「私どもではこうなのよ」という方が数多くいらした。私ども、というのはそのお客様の土地柄のことであるが、よくよく聞いてみると京都的なことが多い。

婚礼等では衣装から儀式の流れなどさまざまあるが、大きく分けると京都の貴族文化を踏襲した流れと、江戸・東京の武家文化の流れである。それを接客の人間が「どちらでも」と答えると、お客様は「えっ！」となる。

つまり、どちらでも良いという答えはなく、あなたは京都文化のしきたりをとるのか、東京の武家文化のしきたりをとるのか。せめて、そこまで解っていないと、何も知らないと思われてしまうのである。

日本文化やしきたりに詳しい外国人

しきたり・風習というのは面白いものである。そして奥の深いものである。しきたり・風習のなかには佳きものもあれば悪しきものもある。ただ、それは伝統的な文化にも通じ、それをベースにマナーやエチケットも生まれてくる。

日本人と外国人の大きな違いは、しきたり・風習というものに対しての捉え方だと感じることがある。たとえば、日本にいる外国人と話をしたとき、あなたよりも外国人のほうが日本文化のことをよく知っているという経験はないだろうか。歴史、文化、作法……。並の日本人よりもはるかに詳しい外国人がいる。

そんな彼らと話をすると、自国の文化についても滔々《とうとう》と喋る。自らのアイデンティティ、自国愛というものをそこから見いだしているようである。それは気候、風土とも関係しているのかもしれない。三百年、四百年前の建物が現存し、今もそこに住んでいる人が当たり前にいる欧米。それに対して、町や家の景色が年々変わってしまう日本。土地に対して根の張り方が大きく違うはずである。

石の文化と木と紙の文化だから、違って当たり前。石は残るけれど、木や紙は朽ち燃えてなくなる。だが、最近は堅牢《けんろう》なビルも数年で取り壊して新しいビルに建て替える。この違いは何なのであろう。単なる新しいもの好きなのか、変化に対して敏感なのか。かように変化の激しい日本も、それ自体一つの文化ではあるが、それにより伝統的な文化まで忘れ去ってはいないだろうか。

人間とは、はかないものである。いくら寿命が延びたといっても、せいぜい八十数年である。地球が生まれて四十六億年、人類が生まれて七百万年。気の遠くなるような歴史が、私たちの背後には存在する。

人間は一人では生きられない。町や地域などの集団があり、学校や職場などのコミュニティがあり、そこから仲間が生まれお互いが助け合って生きている。それら横のつながりとともに、集団やコミュニティが生まれてきたときの歴史があり、それらが相互に関わり社会を形成している。

私が大切にしたい「しきたり」やマナーは、そのようななかから生まれてくるものである。自国の文化や歴史について滔々と語る外国人たちは、現存している自分の存在意義を、社会や時代の関わりのなかから見いだそうとしているのだろう。

考えてみれば、日本人はこれまで、とくに近世に大きなアイデンティティの転換があった。最初の転換は明治維新。それまでの鎖国政策を転換し、西洋的国家体制を有する近代国家への転換である。そして、太平洋戦争での敗北。それまでの日本はどんな列強と戦っても最後には神風が吹いて勝利する、という人々の想いがあったが、そんなものは消えてなくなった。

さらに、あえて挙げるならばバブル経済が崩壊して低迷期を迎えたときも大きな転換だろう。これが意味するところは、親子三代に渡る喪失感。それによって、それまで大切にしてきた「しきたり」などの日本伝統の無形文化的な心が、世代とともに薄くなってきた。

何だか独断的な文化論のようになってしまったが、個人的にはそのように感じている。たしかに、それも仕方のないことでもある。が、しかし、それによって私たち日本人が永々と大切にしてきた「しきたり」や風習までも捨ててしまうことは不幸である。

島国の日本は固有の文化を育む環境としては最適だった。陸続きの諸外国のように他民族の血が混じりあうことが少なく、純粋に独自の素晴らしい文化を育んできた。欧米など大陸中心の諸外国は、争いの度に民族が混じり多民族国家として成長してきた。そのために、ある国の国民であっても、たとえばアイリッシュ系アメリカ人などと、どこの国民であるかの前に先祖の系列を紹介する。故に、自分たちはどのようにその国に来たのか。自分たちの歴史や文化のルーツを探ることで、アイデンティティを見つけ出してきているのだろう。

このように考えると、日本にいる外国人たちが日本人以上に日本文化に興味を持つのも解るような気がする。

日本人は、一九八六年（昭和六十一年）から始まったバブル景気の時代までは強かった。経済という鎧のなかで、世界からどんなに中傷されようとも自らの道を突き進んでいた。

しかし、一九九一年（平成三年）にバブルが崩壊してからは、まるで自信がなくなったように感じる。唯一のよりどころであった経済が崩れて、何を頼りにして生きたらいいのか。まるで根無し草のようである。

しかし、そんなことは実はたいした問題ではない。かつて世界を制覇した英国もスペインも経済の辛酸は数多く経験してきている。アメリカだって同様である。もちろん中国も然りである。そのなかで、何が私たちと違うのかを考えてみると、それは無形の文化、伝統に対する知識の差なのではないかと感じてしまう。

マナー・ルール・エチケット、そして「しきたり」は、その土地、地域の歴史のなかから生まれてきている。それは、あの東日本大震災によって蘇ってきた「絆」という言葉とも共通している。

日本人が日本のよさをなくしている。よさがなくなるということは、日本人が弱くなっていることでもある。そういう意味からも、これからの日本、日本人のためにも、あらためて私たちの「しきたり」やマナー・ルール・エチケットということを見つめなおす時期なのかもしれない。

第二章

——マナーとエチケットの違い、解りますか？

どちらでも……は、ない

幼いときに京都から東京に移り住んだという経験からも、私は子供なりに「しきたり」には関心があった。それを、さらに自分なりに勉強しようと思ったのは、婚礼美容・貸衣装では老舗のハツコ エンドウ ウエディングス帝国ホテル店に関わったとき、一九七九年（平成九年）からだった。

帝国ホテルとハツコ エンドウ ウエディングスという二つのブランドを背負って、一流店としての店づくりのためにも、一流の社員づくりをしなければならない。

一流の社員に備わっていなければならない要素とは——。その人の品性・品格に必要な言葉づかい、挨拶。そして、マナーやエチケットを備えているか。知識・教養では「日本のしきたり」や社会的一般常識等々があり、身につけるべきものは非常に多い。ホテル側とテナント側の交渉役という立場にあった私は、自らが学び、会得しなければ両ブランドの誇りを汚してしまうという思いがあった。

ホテルもテナントも、見せかけではない本物の環境である。そのなかで「本物とは何か」を問いかけ、答えを求めていた。その結果、お客様に問われたときに「どちらでもよい」というマナー・エチケット・しきたりはない、と確信するに至った。

しかし、「どちらでも……」という場合がないわけではない。それは、一方の理由ともう片方の理由の根拠を明確に伝えられて、その上でお客様がどうしてもと、ご自身で選択される場合である。

私がサービス業に転身したのは五十歳。それ以前はアパレル業界に身を置き、その後、葬儀業を行いつつも婚礼業にも参画した。その間、服装のマナーやエチケット、葬儀での礼儀・作法にも触れていた。とくに葬儀の場合は、土地の風習・習慣、宗教・宗派によっても違いは大きいので「どちらでも……」というのは、あってはならないことだと感じていた。

婚礼に関しては、実はかなりの経験をしてきている。とはいっても、何度も結婚したわけではない。大学卒業と同時に結婚した家内とは、今でも仲むつまじく寄り添っている。

婚礼の経験というのは婚礼プロデュースである。若くして結婚した私は、自分たちの挙式を自らプロデュースした。それが発端となり、友人の結婚式の司会をはじめ、式場との打ち合わせから披露宴のプロデュースを三十回以上も施行してきた。

気がついたら婚礼側の発注のプロフェッショナルになっていた。と同時に、新郎・新婦をはじめご両親と接し、接客の難しさ大切さも身にしみて感じていた。また、同じ受注者側である婚礼関連企業のスタッフが、いかに知らないことが多いかも感じ、より向学心を煽られた。

そのような経験をつみ、縁もありハツコ エンドウ ウエディングス帝国ホテル店のグランドマネージャーとして数年間を過ごさせていただいた。そこでは、自店のブランドと帝国ホテルのブランドを汚さないようにお客様に接したつもりである。その間のお客様との接遇・接客が私を育ててくれたと確信している。

素晴らしいブランドのお店には素晴らしいお客様が来られる。いくら一流をめざしても、グレードの高いお客様の前に出たときには、自分たちは、まだまだ学ぶことが多い。三流から二流になり、一流へのステップを上がっていく段階でお客様には教わることがとても多い。ことに一流ブランド店を代々贔屓にされているお客様は「あなた若いから、まだお解りにならないのね」ということで、逆に教わることも多い。そのようなお客様によって育てられた接客が徐々に一流の域に達し、次に若いお客様が来られたときに何気なく、「このような場合にはこれがよいと思います」とお伝えしていく。

〝顧客満足〟という言葉がある。それは接客側の多様性のことではない。お客様のあらゆる多様性に対して対応できることである。お客様に不満を持たせないことである。

逆に言えば、「よかった」と思ってもらえること。満足感を抱かせること。そして、一流の接客とは「顧客満足をどのような条件のもとでも得られる」ことである。このことを追求していくなかで、私はマナー、エチケット、さまざまなしきたりを身につけることが大切だと痛切に感じた。

三つのありがとう

マナーの基本は挨拶である。これまで幾多の仕事を行ってきて、クレームを起こす社員の共通点はマナーが身についていないことであった。

京都の実家では挨拶の言葉にはうるさかった。たとえば、食事では、食べるときには「いただきます」、食べ終わったら「ごちそうさま」は厳しく躾けられた。「いただきます」には、食材を作ってくれた人々への感謝。料理を作ってくれた家族、食事を摂れる境遇への感謝の気持ちが含まれる。「ごちそうさま」にも、いただけた幸せへの感謝と、食事が終わったことのけじめの意味が含まれる。

ひとりで食べるときでも、食事の挨拶は行ったほうがよい。挨拶を口に出すことで味気ない食事も豊かな気持ちに変えてくれるはずである。

また、朝起きたら「おはようございます」。出かけるときは「行ってきます」。人に会ったら「こんにちは」「こんばんは」。帰ってきたら「ただいま」。就寝前は「おやすみなさい」。これは基本中の基本である。気持ちよく挨拶ができると、挨拶を受けた人は何らかのお返しをしたくなるものである。

京都にいた子供時代。実家の向かいに左官屋さんがあり、ヒデちゃんという可愛い女の子がいた。ヒデちゃんは毎日のように我が家に遊びにきていた。実家でオムレツなどを作っていると、母は「ヒデちゃんも食べる」と言ってお皿に盛って渡してあげる。ヒデちゃんは、すごく嬉しそうな顔をして「おばちゃん、ありがとう」と、目の前でお礼を言う。それを大事そうに持ち帰って、すぐに中味を移し替え、お皿をきれいに洗って返しにくるのである。そのときに、ヒデちゃんの母親がありがとうと言っていたことを伝えるとともに「只今ありがとうございました」と挨拶する。そして翌日、ヒデちゃんが遊びにきたときに「きのうはありがとう」と、また感謝の言葉を述べる。そうすると、また母はヒデちゃんに何かしてあげたいという気持ちになって、子供が喜びそうなおかずのときにはヒデちゃんにひと声かけるのである。

ひとつのことに対して、ヒデちゃんは三つの「ありがとう」を言っていた。それは、現在の「ありがとう」、過去の「ありがとう」、そして未来につながる「ありがとう」である。

これはビジネスの場面でもとても大切なことだ。お客様との商談がまとまったときに、その場で「ありがとうございます」。見送るときは「本日はありがとうございました」。そして次回お会いしたときには、まず最初に「先日はありがとうございました」。

そして、「これからもよろしくお願いいたします」という、現在・過去・未来に対しての感謝の気持ちを伝えることである。挨拶はその場だけのものではない。

エレベーターに外国人と乗り合わせ、少しでも目が合うと〝Good morning〟と声をかけられることが多い。海外旅行をしたことがある方なら経験されているはずだ。声を出さないまでも、少し微笑んで会釈するような仕草も見受ける。けれども、日本人同士だとなかなか声もかけない。

日本人はシャイだから仕方ない。そういう国民性なのだ、という人もいるが、私は違うと思う。家庭内で挨拶をしなくなったからだと思うが、いかがだろうか。

私の独断ではあるが、近所を歩いていて顔は見知っているが名前までは知らない人と出会うとき、こちらから挨拶をしてみると男性は挨拶が返ってくることが多い。しかし、四、五十歳代の中年女性からはなかなか挨拶が返ってこない。私の風体が警戒されているのかもしれないが。

最近は、山歩きが流行っている。とくに女性グループが多く「山ガール」と言われている。女性の挨拶が少ないと書いてしまったが、そんな彼女たちも山道ではすれ違うときには挨拶をするだろう。山のルールだからなのか。いや、それだけではなく自然のなかで素直な気持ちになっているからだと思う。

挨拶がきちんとできる。それが意味するものは、自分の伝えたいことが伝えられる、相手のことも受け止める能力があるということだ。つまり、発信能力と受信能力が備わっていることである。教育現場でいじめが多いのも、日本が世界のなかで少し元気がないのも、このへんが関わっているのではないだろうか。挨拶は特別のものではなく、自然に身につけるもの。そのためにも、家族や身内のなかからきちんと挨拶することを習慣にしたい。

私の人生経験から、マナーの良い人、挨拶できる人、感謝の意を言葉で表現できる人はリンクしていると思う。逆に言えば、挨拶のできない人、挨拶をしない人は、その人にはマナーやエチケットの知識が備わっておらず、大半がマナー・行儀の悪い人である。

それは、日本でも世界でも品格のレベルを表すものであり、挨拶ができる人は育ちがよいということに共通している。

マナーとエチケットの意味

「マナー」と「エチケット」について、その意味をどれだけの方がご存知だろう。「同じようなものだろう」と思われている方が多くいる。ちなみに、広辞苑や国語辞書を引くと共通の言葉として「礼儀・作法＋行儀」が出てくる。

しかし、「マナー」と「エチケット」は似て非なるものであり、一緒にしてはいけない。「マナー（manner）」の語源はラテン語のmanus（手）の名詞で、古くは「手の動かし方」「ものの扱い方」を意味していた。つまり、手で何かをするという手引き的なものがマナーの始まりである。エチケットとは基本的に異なるのだが、辞書では、①様子・態度、②行儀・作法、③風習・習慣、と出ている。

「エチケット（étiquette）」の語源は、ゲルマン系フランク語のstikkan（つなぐ）である。中世フランス語圏において「杭に固定したしるし」「訴訟袋につけた貼り紙」が始まりである。辞書では、礼儀・作法・礼法、と出ている。

塩月弥栄子さんは、著書『目くばり心くばり気ばたらき―接客の極意』（橋本保雄共著・大和出版）で、マナーとエチケットの違いを以下のように定義づけている。

「〝マナー〟は社交上の心、相手に対して自分がとるべき態度・処置です。各自の立場や状況によって臨機応変に変化するものですから、個性的で能動的な思考が必要になります。

〝エチケット〟は、社交上の型、人づきあいをなめらかにするための常識的なルール・技術です。世間一般の通例を機械的に守っていけばこと足りる、没個性で思考停止型の規則です。」

辞書などをひも解くと、何だか難しい定義になってしまうが、一言でいえば**「マナー」は躾であり行儀作法**である。

「マナーが悪い」「マナーがなっていない」というのは「躾けられていない」「行儀作法を知らない」から当たり前である。本人が教えられていないのだから、身につくこともなければ「行儀作法」の知識もないのである。

「エチケット」はルール・規則である。エチケットは「エチケットが悪い」とは言わずに「エチケットに反している」と表現する。エチケット違反は礼儀作法を知らない無礼者なのである。

もっと解りやすく言えば、「マナー」は人間としての基本。人に言われなくても、できて当たり前のもの。日本では形を整えることで心が入ってくる、備わってくるという思想があった。身を美しくすることが躾である。着物の形を整える仕付糸も躾糸から生まれている。

それに対して「エチケット」は、その場所での決めごとであり、言われてやるべきことでもある。

たとえば、ゴルフ場で「来場時は上着を着用のこと。ショートパンツでプレーの場合にはハイソックス着用のこと」と言われたら、それはルール・規則であり、守るべきエチケットになる。

ベルサイユ宮殿に立てられたエチケット

エチケットの語源に、中世フランス語圏での「杭に固定したしるし」とあるが、これはフランス革命以前のベルサイユ宮殿の庭にあった立札を意味していた。

立札には『庭で小用するべからず』と書かれていた。当時のフランスにはトイレがなく、宮殿を訪れた人たちが勝手に庭に入り隠れて用を足すのを禁止した。

その頃の上流階級の女性たちは、スカート部分が大きく膨らんだフープスカートというものを着ていた。これは、鯨のひげ等で傘のような骨組みをつくり裾の広いスカートを被せたものだが、立ったまま用が足せるという大きな目的があった。そこで、女性たちは優雅に庭を散策するように入り、こっそり用を足していたとされる。それを禁止するための立札のことを「エチケット」と言っていたのである。

エチケットの立札は江戸時代の日本にもあった。それは、各地の地名にも残っている「札の辻」である。東京で有名な場所は、港区三田三丁目の第一京浜国道の品川寄りにある「札の辻交差点」だ。かつて、ここは品川宿から江戸城下への入口とされ、ここに高札場が設けられて、布告法令などが掲示されていた場所である。城下に入る際の心得が記されていた。

全国の城下町にも札の辻という地名が残っているところがあるが、それが日本流のエチケットの起源ともいえるのかもしれない。

エチケットが立札から始まったということを考えると、今でも実にあちこちで札を見かける。

私は健康のために近所の水天宮近くにあるロイヤルパークホテルのフィットネスクラブを利用する。そこの浴場にはこのような札がかかっている。


「入浴に際してのお願い」
1. 水着を脱いで、入浴前には身体を洗って下さい。
2. 浴槽に入る前に数回かけ湯をして下さい。
サウナご使用後も同様にお願い致します。
3. タオルは湯船には入れないで下さい。
4. 脱衣場室に戻る際は、濡れた身体を拭いて下さい。

以上の札が浴室に入るドアに日本語と英語で貼ってある。「〜して下さい」と、お願いであるが、これはまさしくエチケットで、このクラブのルールである。

しかし、この四項目は昔から当たり前のことであり、私が子供の頃は家庭でも当然の躾であった。かつてはマナーであったことが、今では札を貼らなければならないということは、ルールにしなければ守られない、ということでもある。

この札に気づいてから、私は風呂場で人間ウオッチングをしてみた。たびたびクラブを利用するメンバーのなかにも、たしかにマナーの悪い人がいる。

水泳パンツのままジャグジーに入る人。水風呂を勝手にお湯を入れてぬるま湯にしてしまう人。洗面台の備品を浴室に持っていったまま戻さない人。身体を拭かずに濡れたままで脱衣場に戻る人。ひどいのになると、シャワーで身体のシャンプー泡を流しているかと思うと、下から黄色い水を平気で流している人まで見かけた。

あまりに見かねると私も注意するのだが、なかには逆ギレされる場合もある。

「うるせいな！　オレは金を払っているんだ。いちいちあんたに言われる筋合いはない」と。

また、気がついていながら「見て見ぬふり」をする人もいる。私が注意した人がいなくなった後に、「あいつマナーが悪いよな！　何も知らねえんだ！」と威張った口調で話しかけてくる。それも、普段は偉そうに大声で係員やホテルマンに怒鳴りつけている人だったりする。このようなとき、私はこの人たちに哀れみと悲しさを感じる。この人たちが、高度成長期で成功し世の中を動かしてきたのかと思うと、「あなたたちが日本をダメにしたのだ」と言いたくなる。

マナーは違反ではない。時代や暮らし方によっても変わってくる。だけれども、あまりにマナーが悪くなると、それは規則となり、時には罰則となり生活そのものが縛られてくる。

たとえば、歩行喫煙がそうだ。煙草は健康を害するということで、喫煙場所が限られたものになっているが、歩行喫煙はマナーそのものだった。公共の場で吸い殻をポイ捨てする。火を付けたまま手を振って歩いていて子供の顔に火傷を負わせてしまう。

そんなマナーの悪い事例が度重なったことから、地域によっては条例で罰則規定になってしまった。自分たちで世の中を住みにくくしてしまった。本当に残念である。

マナーやエチケットと同じような規則・ルールに「しきたり」（為来《しきたり》、仕来《しきたり》）がある。

語源は〝してきたこと〟の意で、以前からの慣例・習慣で、長い間その社会や家庭が認めてきたやり方、習わし。その土地、地方の風習によって異なる。それ故、その土地、地方で受け継がれてきた「しきたり」は、過疎化が進み若者がいなくなった場所では風化しつつある。

それだけに、今こそ「日本のしきたり」を掘り起こし、知るべきもの、伝承すべきものを学び、伝統として受け継いでいかなければならない。さらに、躾が大切。行儀作法を、エチケットを知れ！　と言いたい。

第三章

今さら訊けないドレスコード

平服でお越しください

マナーやエチケットについて、企業から講演を依頼されるとき、よくテーマで取り上げてほしいと言われるのが服装についてである。

ある程度の社会的な地位になると、さまざまな会合や集まりがある。そのとき、どのような服装がその場にふさわしいのか。大人の常識として知っていて当然、と思われるようで、今さら訊けない。そんな悩みがあるようだ。

なかでも、何を着て行けばよいのか迷ってしまうのが「平服」である。

ホテルなどの宴会場で行われるお別れ会やパーティーなどで、「ご来臨の節は、平服にてお越しくださいますようお願い申し上げます」というものである。この「平服」について、自信を持って言い切れる人が意外に少ない。

多くの国語辞典では「平服」を、ふだんの服、ふだんぎ、日常の服といった説明をしている。若い人のなかには、普段着だからとジーンズ姿で来られる方もいるが、言葉通りに受け取ると本来の意味とは真逆の服装になってしまう。

広辞苑には、①日常に着る服。ふだんぎ（〜で御出席下さい）⇕礼服・式服。②江戸時代、武家で継上下（つぎかみしも）のこと。と記載されている。この中で①は定義から外れるが、②は「平服」のルーツであり定義のヒントになるものだ。

継上下は、上は肩衣《かたぎぬ》、下は半袴で地質や色合いの異なったもので、小紋や縞類などであった。はじめは夏の略服だったが、江戸時代には役人の「平服」となる。つまり、継上下は普段着ではなく、礼服のひとつに位置づけられていた。

それに対して、上下を裃と表記されたときには武士の礼装で、同じ染色の肩衣と袴を紋服、小袖の上に着るものであった。

「平服」を解りにくくした原因は、その表記にある。服装には英国王室が定めたドレスコードがあり、それが日本でも公式の服装基準となっている。格式の高い順に①モスト・フォーマルウエア＝正礼装、②セミ・フォーマルウエア＝準礼装、③インフォーマルウエア＝略礼服、と定められている。

それでは、「平服」はどこに位置づけられるのであろうか。

「平服」は、③のインフォーマルウエアに位置づけられるものである。日本では、これを略礼服と訳してしまったために「平服」という表記の位置づけが曖昧になってしまった。インフォーマルウエアはフォーマルウエアの範疇で、カジュアルウエアではない。

平服はダークスーツで

なぜ、このようなことになってしまったのか。それは、日本では略礼服のことを黒の上下背広と断定したからである。欧米では、インフォーマルウエアのなかには上下のブラックスーツとダークスーツ、ラウンジスーツなどが位置づけられる。それらをインフォーマル、公式的でなく礼装でもない意味で表現されている。

したがって、**日本で「平服でお越しください」と明記された場合には、ダークスーツで参加するのが常識**である。

ところで、ダークスーツはどの範疇までのスーツなのか。それはブラックスーツも含まれるが、本来は黒色に近いミッドナイトブルー（濃紺色）とチャコールグレー（濃鼠色）の背広上下とされる。日本では、黒服は冠婚葬祭の代表的な礼服と位置づけられているので、「平服」の場合にはダークスーツが最適だと思われる。ちなみに**昼間の「平服」はチャコールグレー。夜はミッドナイトブルー**がよい。もし、あなたが招待状を出す立場にいたら、「ダークスーツでお越しください」のほうが、解りやすい。

公式の場になるほど、ドレスコードは国際儀礼のマナー・プロトコールとして厳格に定められている。国境を越えてビジネスをするのが当たり前の時代。ビジネスマンであるならば、ドレスコードを知っていることはマナーとしても大切である。ニュースで国際的な行事を観ていても、日本の政治家が間違った着こなしをしていることが間々見られる（後述）。悲しいことである。

ハレの場はフォーマル

ドレスコードは単なる服務規程ではなく、プロトコールで決められた「公式の場での服装の決めごと」である。

それは、日本が明治維新以後とり入れた洋装・洋服の決めごとであり、日本でも古くから服務規程は存在した。日本で最初の服飾制度は、五世紀半ばの推古朝（推古天皇）の時代である。推古天皇の甥にあたる聖徳太子が制定した官位の服務規程のなかに、服飾の定めがあり、官位によって色も決められていた。

服飾令は天皇が発令していたが、明治政府が生まれてからは政府により出された。現在でも服飾規程は存在し、内閣府の賞勲局が、叙位、叙勲の際に「勲章等着用規程」として、その「しおり」を出して案内し管理している。

外国では、公式的、儀礼的な正式の場をフォーマル（Formal）と呼び、それに対して非公式で形式的でないものをインフォーマル（Informal）と呼ぶ。フォーマルウエアは礼装、礼服で、それに対して普段着、気軽な服をカジュアルウエアと定義づけている。日本では、公式的な場面や時を「ハレ（霽）の場・日」と呼び、普段の場面や時を「ケ（褻）の場・日」と称している。

ハレの日は、常ならざる日で、ケの日は普段の常日頃の日である。

ハレの日に着用する「常ならざる服」がフォーマルウエアである。より美しく、華やかな服、メッセージが明確である服、威厳を正す服で、昔から「晴れ着」と言われ特別の日のものとして、今日にも受け継がれてきている。和装の古典的習慣を重んじる装いや民族衣装、学生の場合は学校の制服もフォーマルウエアに属する。

私がフォーマルウエアを初めて認識したのは、姉の結婚式のときだった。当時、大学生だった兄が何を着るべきか母と相談していたが、私はいっこうにその対象にならず、不満げに母に「僕は何を着ればいいの」と尋ねた。するとと母は、何を訊いているのか、といった怪訝な顔つきで、「あなたは学習院の制服を着るのです。制服は立派な正礼装です」と。

私は、そのときに初めて「正礼装」という言葉を知った。

礼装と礼服は違う

礼装と礼服は何が違うのか。「装」と「服」の違いである。といっても、解りにくい。礼装は「装い」のことで、モーニングコート、テールコート（燕尾服《えんびふく》）といったスタイルのなかで、シャツや帽子や手袋などの小物を組み合わせて着るソフトのことでもある。それは、身分、職業、人種、宗教、時間、場所、儀式などにより装い方を変えても、その場にふさわしければよしとする。

礼服は、それ自体がひとつのハードとして決められたブラックスーツである。ただ、日本で重宝される略礼服の黒服は、ネクタイを替えるだけで冠婚葬祭に着用できる便利な服であるが、外国人の目には不思議な装いとして映るようでもある。とくに、結婚式で着用されることの多い白いネクタイ。これは欧米ではギャングの装いや葬式の装いと勘違いされやすい。せめてシルバーにしたいものである。

礼装で注意したいのは、**礼装は昼と夜とでは違う**ということである。**昼間の礼装・礼服で格式の高い順は、①モーニングコート、②ディレクターズスーツ、③ダークスーツ。夜間では、①テールコート（燕尾服）、②タキシード（ディナージャケット）、③ダークスーツ**である。

モーニングコートの原型はフロックコートとも呼ばれ、馬に乗ることが多かった貴族たちが昼間に装ったもので、乗馬のために前をカットしたものである。テールコートは後ろが燕の尾のようになったもので、元々は宮廷での夜会服（カッタウェー）であった。

何故、昼と夜とでは違うのかというと、十九世紀以前の欧州では、朝昼晩と一日で何度も衣装を変える習慣があり、地位と階級が高くなるほどお召し替えは厳格であった。その伝統を重んじているためである。今日の**昼と夜の境は、基本的に夕方の六時**である。六時までに終わる儀式であればモーニング。六時をまたいで夜間に入るものであればテールコートである。ただ、冬は五時を基本とする。

また、フォーマルウエアの基本色は黒である。それは、ヨーロッパ貴族の美学から生まれた。つまり、華やかに盛装した女性のなかでは、黒で統一された男だけがいるべきだ、ということである。フォーマルシーンでの永遠のテーマは「女性を輝かせること」で、男性はモノトーンでパートナーをエスコートするのが紳士の心得だとされたからである。

ドレスコードは女性の場合は男性ほど厳格には決められていない。せいぜいアフタヌーンドレスのローブ・モンタントと、イヴニングドレスのローブ・デコルテである。

女性の場合は、男性のドレスコードを基準に、それに相当するものを着用するということである。

日米の首脳が公式の場で間違った服装をしていた

フォーマルウエアのルールを知らないのは、我々一般庶民の特権（？）かと思っていたら、この頃はそうでもないらしい。日米の国を代表する総理大臣や大統領でも大きなミスを犯すことがある。

八月六日。毎年この日に、原爆が投下された広島市で、広島市原爆死没者慰霊式並びに平和祈念式の「平和記念式典」が開催される。その様子はテレビで生中継され全国に放映される。各国の大使等も出席されて国際的な日本の行事にもなっている。

二〇一一年のこの日、時の首相であった菅直人氏が、そのときの服装で大きな間違いをしていた。略礼服姿の首相は、ネクタイを婚礼（主に祝い事）用の白黒の横縞（レジメンタル柄）で、白のポケットチーフをしていたのである。

「平和記念式典」は原爆死没者を慰霊する式典である。それにもかかわらず「喪」の服装ではなく、「祝」の服装になってしまった。〝ハレの日〟のなかで、祝い事の礼装と弔意を表す〝喪〟の服装をとり違えるのは、最も避けなければいけないことである。主催者に対しても失礼、無礼であるばかりか、世界に対しても恥ずかしい。

ちなみに、この日の広島県知事、広島市長は黒の略礼服に黒のネクタイだった。

その少し前になるが二〇〇九年一月に、アメリカ合衆国でオバマ大統領が誕生した。昼間に宣誓式が行われ、夜にはお祝いのパーティーが開かれ、その模様がテレビで放映されていた。

オバマ大統領ご夫妻が手を振りながらパーティー会場に現れたとき、私はびっくりした。大統領はタキシードを着用されていたが、何とネクタイが白の蝶タイ、すなわち〝ホワイトタイ〟であった。

ホワイトタイとは、その衣装の代名詞にもなっていて、「ホワイトタイでお越しください」は、夜の正礼装で燕尾服（テールコート）着用である。ノーベル賞の授賞式などが「ホワイトタイ使用」である。

夜の準礼装であるタキシードの場合は、「ブラックタイでお越しください」の案内になる。大統領はタキシードなのに〝ホワイトタイ〟を着用していた。これは大きなミスである。

テレビをはじめメディアのほとんどが、大統領夫人の黄色のドレスばかりを話題にしていて、大統領の衣装には何もふれていなかった。誰も気がつかなかったのか？　自由の国アメリカは、あまりうるさくないのだろうか？　私には解らないが、英国人をはじめドレスコードに厳格な〝王室をもつ国〟では、ありえないことではないだろうか。

もう一つ、気になることがある。それは報道機関の人たちがドレスコードを知らないで、誤った報道を垂れ流しているということだ。とくに芸能人の結婚式で、新郎の衣装が〝モーニング〟であるのに〝タキシード〟と間違っていることが多い。

二〇一二年（平成二十四年）の年末に歌舞伎役者の中村勘三郎さんが亡くなり、その密葬でマスコミが誤った報道をしていた。遺影は息子の勘九郎さんの結婚式のときの写真を使用したと伝えられた。その遺影はモーニング姿であったが、日本テレビと東京放送は朝から晩まで「タキシード姿の勘三郎さん……」とキャスターが話していた。そのなかで、フジテレビだけが「モーニング姿の勘三郎さんのご遺影」と報道していた。

このように国の代表やマスコミがルールを知らない、あるいは知っていて無視しているのか解らないが、将来に対して少し不安に想うのは私だけであろうか。

勘違いが多いフォーマルウエア

フォーマルウエアについて、私には忘れられない思い出がある。ハツコ エンドウ ウエディングス帝国ホテル店に勤めていたときのことである。

娘さんの結婚式で訪れたお客様で、娘さんのウエディングドレスなど婚礼衣装を準備させていただいた。ご家族は仕事の関係で長く英国に住んでおられた（イギリス帰り）方だった。

ロンドンで新調されたというモーニングを着て、お父様が来店された。そのとき、お店のスタッフがお父様の黒いベストに白いパイピング（白線）がついていないのを見て、「もしよろしければ私どもで白線の入ったベストをご用意します。お祝い事には白いパイピングがよろしいかと……」と言った途端に、すごいお叱りを受けた。

「これはロンドンで作ってきたもので、白いパイピングは日本で勝手に作ったもので本当は必要ないものだ」と。

私も、それまではお祝い事のモーニングのベストには白いパイピングがつくものだと思っていた。しかし、いろいろ調べてみたら、たしかに本物にはそのようなものがなく、白いパイピングは日本人が考えて創作したものだということが解った。自分たちが正しいと思ったことが、海外ではまったく通用しないものだということをお客様から教えられた。


また、別の挙式のときのエピソードである。

新郎がグレーのモーニングをお召しになられて、来賓のお迎えで所定の位置に立たれていたときのこと。主賓であり新郎のご友人でもあった故三笠宮寛仁殿下が来られて、新郎の手袋を目にした途端に「白い手袋はダメだ。私の車にグレーの手袋があるから持っていらっしゃい」と指摘された（たしかにグレーモーニングのときはグレーの手袋であるが、一般的には白い手袋も使用される）。

そのときはお店の衣装部門にグレーの手袋が一つあったのを思い出し、殿下の私物をお借りしなくてすんだが、本当にあのときは冷や汗ものだった。本物の方には、いい加減な知識では太刀打ちできないとつくづく感じたものだった。

ちなみに、日本の皇室の方々は天皇陛下をはじめ昼の祝い行事（正月年賀や園遊会等々）でモーニングをお召しのときは、グレーベストにシルバーグレーのネクタイである。黒のベストをお召しになるときは〝喪〟のときであり黒のネクタイを着用されている。

ときにフォーマルウエアの認識不足で間違った衣装で来られる方もいる。

そのひとつが、私の娘の結婚式のときに起きた。当時、私はハツコ エンドウ ウエディングスのグランドマネージャーとして帝国ホテルに勤務していた。大学から東京に来ていた姉の息子も、従兄弟として式に出席した。

そのとき、私は甥の衣装を見てびっくり。普通のスーツに普通のネクタイである。普通ということは、ダークスーツではなく縦縞のスーツでネクタイも柄物だった。思わず「ウチの貸衣装でサイズを合わせなさい」と言ったが時間がない。「せめて、ネクタイだけでも変えてくれ」とお願いして、シルバーグレーのネクタイに変えてもらった。

そのとき、姉は「この背広とネクタイは本物のアルマーニですよ！」と声を張り上げた。いったい何を言っているのだと、私は実の姉ながらまたびっくりだった。

実は、姉のようなお客様は意外といらっしゃるのである。海外の有名ブランドをフォーマルと勘違いされている方が「これはパリの本店で買いましたのに……」等々。

私が勤めていたハツコ エンドウ ウエディングスの社長は、ドレスコードに精通していて、ドレスコードに忠実にお貸しするように指示されていた。

とくに、新郎には昼と夜の時間によっての正礼装と準礼装をおすすめした。新郎新婦の父上にも、その通りの正礼装が社長の望みではあったが、ホテル側と協議して昼の挙式では父上にはモーニングで、夜の披露宴ではタキシードをおすすめした。

フォーマルウエアはプロトコールで厳格に決められたものであるが、何も堅苦しく考えることはない。海外とのビジネスなどで、公式のパーティーや儀式に参加するときには守るべきものであるが、仲間内のパーティーや儀式では、基本さえ外さなければ多少ラフな着方をしてもいい。むしろ基本マナーを知っていて着崩すことができれば、本物のお洒落になるだろう。

和装のフォーマル

女性の和装フォーマルウエアについて少しだけ書いておこう。

和装で未婚女性の正礼装は振袖である。既婚女性の正礼装は黒留袖（五ツ紋）か、色留袖（五ツ紋または三ツ紋）と決まっている。

昔は結婚式では白無垢、披露宴のお色直しはほとんどが振袖と決まっていた。白無垢は「真っ白な気持ちで嫁ぎ先の色に染まります」という気持ちの表れで、お色直しに振袖を着るのは、振袖を着る最後の機会だからということである。

既婚女性の和装の正礼装は黒留袖だが、宮中に参内するときには色留袖を着る。同じ留袖であっても、宮中では黒の着物は許されず色留袖のほうが格上に位置づけられる。これが、和装の基本的な決まりごとである。

二〇〇二年（平成十四年）にノーベル物理学賞を受賞した小柴昌俊博士の授賞式のとき。小柴博士は夜の正礼装のテールコート（燕尾服）をお召しになられていた。授賞式に同席されていた奥様は、過去の日本人受賞者の奥様方がそうであるように和装とされ、本来ならば色留袖で出席するところを、あえて準礼装の格になる一ッ紋の訪問着をお召しになって授賞式に参加された。

その理由は、ご夫人方は晩餐会の宴では座った時間が多い。色留袖では柄が裾にあり上半身は無地になる。それに対して訪問着は、肩から柄が入り華やかになる。そのような理由から訪問着にされたという。

まさに、このような着こなしはフォーマルのマナーを知った上でできることで、心からの拍手を送りたい。

また、最近のことだが二〇一二年（平成二十四年）のノーベル生理学・医学賞を受賞した山中伸也教授が、ストックホルム市内の衣装屋で燕尾服のサイズ合わせをする姿が何度も放映された。そのときのコメントが「イージーオーダーのため二万円で、後日返却するから安い……」と言われていたが、あれはノーベル賞授賞式に参加する方々のための貸衣装屋で〝貸衣装〟である。

そのときの授賞式では、奥様は小柴博士の奥様と同じ和装で、色留袖ではなく訪問着をお召しになられていた。小柴博士のときと同じように、あえて訪問着を選ばれたのではないだろうか。

男の服装・スーツを知ろう

「平服」「フォーマルウエア」のことを書いてきたが、私たちが日頃着用しているスーツ（背広）のことも知っておきたい。

スーツの原型が生まれたのは十九世紀中頃の英国。「ラウンジ・ジャケット」と呼ばれた衣服は、丈の短いゆったりしたデザインで、その名の通り部屋での寛ぎ着であった。それが、やがて戸外で着用されるようになり、紳士の制服となっていくのである。「スーツ」は、世界で最も通用する言語の英語の浸透に似ている。その発展の経緯もしかりである。英国で誕生し完成したスーツが、世界の標準服・ビジネスマンの制服となったのは、英国が世界の海を制覇し、世界各地に植民地を持っていたことによる。つまり、世界中どこに行っても通用する便利なツールなのである。その信頼度は国を問わず非常に高いものである。

いつでもどこでもカジュアルウエアで現れていたマイクロソフト社創業者のビル・ゲイツ氏でも、ロシアを訪問した折にはグレーのスーツを着用していた。価値観が異なり、信頼関係がまだ築かれていない場合には、スーツは共通のステージに立つためにも便利で普遍性のあるものなのである。

本場英国でスーツの拠点になってきたのが、ロンドン中心部のピカデリー通りからリージェント通りに抜けるわずか百五十メートルほどの通りである。そこは、サヴィルロウ（SAVILE ROW）と呼ばれる「スーツの聖地」である。

この通りには二十軒ほどのテーラーが軒を連ね、約三百人の職人がいる。アメリカ、イタリア、フランスそして日本しかりであるが、世界中のテーラーがこのサヴィルロウの影響下にある。

日本でスーツのことを「背広」と呼ぶのは、このサヴィルロウの地名から由来している。日本でまだ洋服が浸透していない明治時代に、日本から訪れた欧州使節団の大使が、サヴィルロウきっての老舗「ヘンリープール」でスーツを仕立てた。このとき、サヴィルロウの発音が訛ったまま「セビロで作った」ということから、スーツが「背広」という名称になったと伝えられる。

スーツの原型が登場して以来、そのスタイルはほとんど変化していない。毎シーズン、トレンドがあることはあるが、色柄や襟幅の変化などごく限られたものである。カジュアルウエアのように、流行遅れだからとの理由で、まったく着られなくなるということはない。仕立ての良いスーツは親子代々受け継いで着ることも欧米では日常的である。

さようにスーツは実用性の高いものであるが、相手への礼儀を示す、という精神性もスーツの大切な機能である。だからこそ、ビジネスマンの社会へのパスポートの役目にもなるわけだ。

マナー、エチケットの基本は身を美しく保つこと。それが第一印象で現れるのが服装である。

英国王室専属のデザイナーは、「男の服装は虚栄ではなく、法と秩序、礼儀を表現するものだ」と語っている。

■ The Dress Code

	Before 6	After 6
FORMAL WEAR	〈昼礼装〉 DAY FORMAL	〈夜礼装〉 EVENING FORMAL
正礼装	モーニングコート	テールコート（燕尾服）
Most Formal wear （紳士）	グレーモーニング ＝アスコットモーニング 起源：フロックコート（英）	『ホワイトタイ』 （英）イヴニングドレスコート 起源：カットインコート（仏）
男の和装	黒紋服（黒無地羽二重・袴は仙台平の縞物 五ツ紋）	
Most Formal dress （婦人）	アフタヌーンドレス ローブ・モンタント	イヴニングドレス ローブ・デコルテ
女の和装	既婚：黒留袖（五ツ紋）、色留袖（五ツ紋または三ツ紋） 未婚：振袖	
準礼装	ディレクターズ・スーツ	タキシード
Semi Formal wear （紳士）	（グレーベスト グレー系タイ）	『ブラックタイ』 （英）ディナージャケット
男の和装	色紋付（紋付・羽織袴）	
Semi Formal dress （婦人）	セミ アフタヌーンドレス カクテルドレス含む	セミ イブニングドレス ディナードレス
女の和装	色無地（三ツ紋または一ツ紋）、訪問着（一ツ紋）、付け下げ	
略礼服	ブラックスーツ　（昼夜兼用）	
Informal wear （紳士）	祝事：シングル上着にグレーベスト、 カフスワイシャツ＋グレー系タイ 準礼装にも可（夜の場合）：ヒダ胸ワイシャツに黒の蝶タイ ウエストコートと蝶タイ（共布）	
男の和装	色無地（一ツ紋）、江戸小紋	
平服	ダークスーツ	
	チャコールグレー	ミッドナイトブルー
	黒の皮靴	

＊ 平服とは礼服でない（Informal wear）で、普段着（Casual wear）ではない。

＊ 婦人の略礼服には制約がないが、カジュアルな服装とは区別すること。
例えば、昼間はパーティースーツ、衿なしのドレススーツ。
夜間はセミロングドレス、ワンピース。

第四章

私はこうして冠婚葬祭のプロになった

扇子を交わす

私がマナーやエチケットにこだわり、しきたりに目覚め、本物を知ることが大切だと思うようになったのは、これまで経験してきた職業によるところが大きい。

私は学習院大学三年生の終わりから交際していた現在の家内と、大学卒業と同時に結婚する。挙式前の学生のときに、京都のしきたりで「扇子を交わす」儀式を、育ての親である叔父、叔母に仲人になってもらい行った。

「扇子を交わす」というのは、京都で結納の前に行われる儀式で、結婚を前提に双方の両親が認めた交際相手になったという儀式である。京都では「扇子納めの風習」ともいわれている。

正式には、男性側（婿方）より女物の扇子一本を、女性側（嫁方）より男性の扇子一本を桐箱に入れ、金銀の水引をかけ上部に〝寿〟、下部に本人の名前を認《したた》め（家や親の名前はない）白木台に乗せ、それを広蓋、もしくは進物盆（塗り台）に入れて袱紗《ふくさ》をかけて取り交わすものである。

現在では、扇子を交わしたり結納の儀式を行うことも少なくなったが、「扇子を交わす」儀式は粋な儀式でもあるので、残しておきたい。

家内の実家の家業はボタンメーカーで、大学卒業と同時に義父の会社のグループ企業に、縫製メーカーにボタンをはじめ附属品を卸す会社があり、そこに入った。大学三年生までに卒業単位は取得していたので、四年生のときは丁稚奉公で仕事を覚え、卒業と同時に正社員となった。

当時は、日本で初めてスタイリストとかコーディネイターと呼ばれる職種の人たちが生まれた頃。そんなファッション業界最先端の集団に、服飾附属品業者としては異例の仲間入りをさせてもらい、ファッション産業に身を置くことになった。

この職業が、後にフォーマルウエアを扱い、語るのに大いに役立つことになった。

ボタン屋時代

洋服は、生地、デザインなどさまざまな要素で積み上げられ上代価格が決まる。そこから逆算して下代価格が割り出され、そのなかから服飾附属品に占める金額が決まってくる。それ故、衣類のボタンを見るだけで上代価格が解るまでの知識を得ることができた。

たとえば、Yシャツのボタンがポリエステル樹脂なのか天然の貝ボタンなのか。貝ボタンでも、一般的な高瀬貝なのか高価な白蝶貝なのか。また、ボタン裏の削り方によっても単価が違い、高価か廉価か決まってくる。ボタン以外でも服飾品の素材から製造まで勉強した。それにより、物の良し悪し、質、価格などの目利きができるようになった。

仕事を始めた頃の製造業は欧米のモノマネだったが、経済成長とともに日本もブランド志向の時代に入る。当時、「本物志向」という言葉が氾濫していたが、「本物」を見極める商品知識を持つ人は少なかった。

一九七〇年代、日本のファッション業界を牽引していた「伊勢丹」のバイヤーに指令を出す「伊勢丹研究所」と契約した。本物の洋服作りの最先端情報を得るために、そこのスタッフとパリコレなどの視察を兼ねて毎年パリ、ミラノ、ニューヨーク、ロンドンなどに出張していた。

本物の知識がフォーマルウエアで活かされるひとつにボタンがある。夜の正礼装のテールコート（燕尾服）やタキシードのボタンは「くるみボタン（包みボタン）」が正式である。通常使用される黒いボタンはラクトボタンである。それは、脱脂粉乳をホルマリンで固め乾燥させて形成したボタンを黒の染料で染めているもので、歴史的には新しい。

素材を知ることで本物を知ることができるようになった。本物を見極める目がいかに大切かということを、ボタン屋時代に経験した。

そのうちに、七〇年代から八〇年代にかけて世の中がブランド全盛の時代になっていく。各アパレルメーカーも独自ブランドを立ち上げ拡大していった。私も会社を任されるようになり、新しい企画を次々に立ち上げた。

バブル景気で最初は好調であったが、ＡＳＥＡＮ諸国に製造拠点が移りはじめると、同様の商品が半額以下で出回るようになる。何とか価格で対抗しようと、さまざまな施策を試みたが、そのための商売の拡大が反動となり、会社の経営を圧迫しはじめた。

葬儀社に入社

日本国内でのアパレル産業の未来に疑問を感じはじめた一九九三年（平成五年）頃、学習院中等科入学以来の親友の義兄が若くして亡くなった。その通夜・葬儀が世田谷区九品仏の浄真寺で施行されたとき、友人たちから「小山は葬儀とか結婚式の世話をしているときは生き生きしている。そっちの仕事のほうが向いているのかもしれないね」と言われ、その声が私のなかで大きく響いた。

私は若い頃から結婚式のプロデュースとともに、友人知人の親御さんの葬儀の司会なども数多く行い、儀式の世話をすることが好きだった。それまでの仕事に限界も感じていた私は、その日の葬儀を施行していた学習院の同級生で、一代で葬儀社を築いた友人に「ボタン屋を閉じて、自分が得意だと思われる葬儀の分野に身を転じることができるだろうか」と相談した。それをきっかけに会社を自ら整理し、新しい職業に飛び込んだ。

葬儀社は一年三百六十五日、毎日二十四時間営業が基本である。

葬儀社に入社したからには、ご遺体、安置、設営、通夜、葬儀、火葬、初七日法要の一連の流れを、すべて現場で学び経験していきたいという条件を出し、初日を迎えた。そして、初出勤の夜には宿直当番にも加えてもらった。

初日の夜中にいきなり電話が入った。

「○○病院で発生（患者が亡くなられたという意味）。即、初動に入る」

素早く決められた背広の制服に着替え、寝台車も兼ねた車で病院に向かった。車は霊安室に近い決められた駐車場に停める。霊安室の隣室にある自社ロッカーから白衣を出して着て、霊安室のストレッチャーを押して病室へ向かい、看護師さんの指示に従いご遺体を霊安室まで運ぶ。

その間に続々とご遺族が集まってくる。私たち葬儀社スタッフは、ご遺族がご焼香できるように香炉、ローソク等をセットする。背広姿に戻り葬儀社の名札を胸ポケットに差してから、名刺をご遺族に渡して今後のご予定を説明し注文を受ける。

初日の動きは珍しいケースでもあった。それは、病院側から死因確認のために解剖を申し込まれ、ご遺族も了承されたケースであった。

夜中にご遺族が一旦帰宅されてから、ご遺体を私たちで冷蔵装置のある安置所に移動する。ご遺体は大柄の男性で、頭部側を任された私は、安置所にご遺体を移すときに持ち上げて、そのあまりの重さにふらついた。大きなご遺体の冷たい顔が私の頬の横に傾いたときには、声には出せないが正直仰天した。その後、朝まで霊安室の廊下で待機した。

翌朝、解剖室へご遺体を運ぶのも私たちの仕事である。そのうちご遺族も集まって来られた。解剖がいつ終わるのか、時間とともにご家族のイライラも伝わってくる。昨夜、白衣を着ていたことから、私たちを病院スタッフと間違えたのか執拗に質問される。

解剖が終了すると葬儀社スタッフが解剖室に呼ばれる。ご遺体は解剖の終わったそのままで、ご遺体をきれいに拭き、寝巻きを着せて、何事もなかったようにストレッチャーに移して再び霊安室にご安置して、ご家族とご対面していただく。

その後、ご遺族の方と通夜、葬儀の日程、場所などの決めごとを迅速に行わなければならない。ご遺体を速やかに霊安室から退室させなければいけないからである。

病院から自宅や式場にご遺体を運ぶのは、専門の寝台車会社に依頼する。搬送費は必ず別枠になっていて、ここから実質の通夜、葬儀をご家族の知っている葬儀社に変更することも可能である。

このようなケースを初日に体験して、ご遺体をご自宅まで搬送した。ご安置の部屋まで寝台車ドライバーと葬儀社スタッフが丁寧に運ぶ。葬儀社が代行して、運転手に心付けを「ご遺族から……」と言って渡す。

その後、葬儀社の車に積載されている「枕飾り」をセット。ご遺族にもご飯や団子等を教示し、自宅の「神封じ」「鏡」に半紙で厄除等も行う。

葬儀業はサービス業の極地

葬儀社営業の重要な仕事は、その後の葬儀日程、場所の決定である。日時は、菩提寺の住職と相談する。同時に場所の予約である。

故人、ご遺族の社会的地位や、会葬者の人数予測によるので場所の選定は難しい。さらに、式場から近い火葬場の予約を希望通りに決めるのも大変だ。

今でこそ携帯電話の時代だが、当時は公衆電話を使いながら僧侶のスケジュールや、式場の手配、火葬場の予約を迅速に決定しなければならなかった。親族が亡くなられた直後はご遺族も大変疲れているので、ご家族の負担も考慮して葬儀社スタッフはご遺体をご自宅に搬送したところで一旦会社に戻り、葬儀内容の見積りを作成する。

私の葬儀社初日は、ここまでのことをすべて体験できた。その実感はハードな仕事ということだった。しかし、本当のハードさはこれからでもあった。

まず、見積りで祭壇の大きさ・質を決めていただく。

昔の祭壇は輿《こし》（白木の祭壇）が当たり前で、三段・五段の高さで横幅が何尺という寸法で決められ、木質素材で異なる棺の種類も決定する。さらに、火葬場のランクも決める。東京都内は、ほとんどが民間火葬場なので火葬料にランクがある。これらを決めていただくために、試案を作りご遺族に伺いを立てるのである。

葬儀社の担当社員は、通夜・葬儀スケジュールが決まると、下請けへの指示を行う。葬儀社は大手ゼネコンのミニ版でもある。花、内装飾、外装テント、音響、そして通夜料理、初七日法要のお膳を依頼する料理屋の選択と、さまざまな外注への発注がある。これらの業者は、葬儀社を得意先として激しい受注競争を行っている。

通夜当日を迎えるまでの間に、ご自宅へはご遺体保存のドライアイスの交換でうかがう。丁寧なご葬家では、通夜以前に僧侶に来ていただき「枕経」をあげたり、式場に赴く前に「納棺の儀」を執り行う場合がある。葬儀社担当者は、それらのご要望をすべて取り仕切らないといけない。

あるご葬儀で、「納棺の儀」を菩提寺の僧侶に来ていただき執り行うことになったが、待てど暮らせど現れない。お寺に連絡を入れると、すっかり失念されており、急遽私が憶えていた「般若心経」を唱えて事なきを得たこともあった。

葬儀社の仕事は、準備段階では頭脳を働かせて、式の前後は肉体労働でもある。私が在籍した葬儀社は中堅規模で営業部と設営部の仕事が分かれていたので、営業スタッフは肉体労働に費やす時間は少なかったが、式次第の表舞台だけで葬儀社へ応募入社してきた人たちのなかには、あまりの重労働にびっくりして即辞めていく人も多くいた。

その後、私が主宰する「小山セレモニー」でも、入社希望の多くの方が葬儀社の表舞台だけの判断で来られ、裏方の仕事を説明すると、その肉体労働や拘束時間から辞退される方が少なくなかった。

同級生が興した葬儀社では、ご遺体の搬送から式の施行、香典返しからお仏壇のお世話までのフルコースを何度も体験させてもらった。

その間、一般の葬儀社では難しいといわれていた百万円の総檜の棺を何本もお世話したり、青山葬儀所、築地本願寺本堂、増上寺大殿を使用しての社葬の契約。白木の祭壇（輿《こし》）中心から花祭壇を提案し、菊中心の祭壇花から青竹や洋花で飾る新しい葬儀イメージも創造した。さらに、ホテルでのお別れ会の企画実施や、女子プロボウラーであった故須田開代子《かよこ》さんの葬儀を品川プリンスボーリング場で行うボーリング葬も企画実施した。とにかく私は仕事に没頭した。

僅か二年間で葬儀社を退職

一九九四年（平成六年）一月に入社してから丸二年。一年三百六十五日のうち三百五十日は、夜中の泊まりから休む間もない二年間、陣頭指揮をして働き続けた。二年経って正月休みもない一月。東京にいては休めないと、家内と旭川の友人のところに行った。

東京に帰る朝、テレビで神戸が大変なことになっているとの報道を観た。阪神・淡路大震災の中継だった。何故か、旭川から東京へ向かう飛行機のなかで、私の心のなかでも地震が起きはじめていた。

東京へ戻り、出社していつもの日常が始まった。

そんなとき、前年の暮れに品川プリンスボーリング場で行った女子プロボウラーの故須田開代子さんのボーリング葬で知り合った、関西で上場している葬儀社の人たちから連絡が入った。東京進出を考えているので話をしたいということだった。

関西の大手企業は、京都生まれの私に興味があったのかもしれない。

時を同じくして、異業種交流会から〝冠婚葬祭プロデューサー〟としての仕事の声もかかった。私の周りで、会社業務以外の波風が立ち始めた。

このまま在職していても、他の社員に迷惑がかかる。葬儀の現場指揮官である葬儀社の部長職は辞したほうがよいと思い、収入のメドが立たないまま退職届を出した。

かといって、このまま他社に乗り換えるのは私を窮地から救ってくれた同級生に言い訳が立たないので、すべてのお話をお断りした。一方で「小山さんが自ら葬儀会社を行ってくれないか」という話も持ち上がっていたが、友人の葬儀社を辞退して、その後の婚礼畑の常勤業務もすべて終えた十年後に、葬儀社「小山セレモニー」を始めることになる。

これまで、故人の人生経験に応じた葬儀を取り仕切りながら、さまざまな体験もさせていただいた。不慮の事故や不幸な自殺、身寄りのない方の死等々、多くの人々を弔う仕事に従事して、人間模様も観察した。そして、悲しみのなかから「喜び」を示していただき、感謝の言葉をいただくと、これがサービス業の極地だとも感じた。

葬儀業から婚礼業へ

私はこのまま葬儀業を一生の仕事にしていく、という想いとともに、まだ別の世界もあるのでは、という想いも正直なところ交錯していた。

そこで葬儀社を辞めた後、各社からのお誘いもすべて辞退させていただいて、しばらく充電していた。

そのようなときに、知人から「帝国ホテルにある遠藤波津子さんのお店で人を探しているのですが、どうですか」というお話をいただいた。

遠藤波津子さんは婚礼美容の第一人者であり、日本の花嫁づくりのトップである。また、帝国ホテルは日本一のホテルでもある。そのとき私の頭をよぎったのは、超一流ブランド二社のもとで働けるかもしれない、ということだった。

さらに、冠婚葬祭は大きく婚礼と葬儀の二業種に分かれる。葬儀のプロにはなったが、冠婚のプロにも挑戦できるのではないか。

「これは誰にでも挑戦できることではない」

という想いが強くなり、そのお話を受けることにした。

当時の本社は高輪にあり、遠藤グループは数社に分かれていた。私は貸衣装部門の「遠藤波津子きものさろん帝国ホテル店」に所属するが、帝国ホテルに対しての営業担当であるために、別会社の「遠藤波津子美容室」の仕事もすることになった。

一九九七年（平成九年）一月、「遠藤波津子きものさろん」の帝国ホテル店に初出勤した。その後、社名はハツコ エンドウ ウエディングスに変更する。

遠藤波津子と帝国ホテルという二大トップブランドを兼ね備えた店は、社員となった私でも大変緊張し入りづらい店だった。帝国ホテルの中二階にある店舗を眺めながら進むうちに身体が固くなったのを今でも憶えている。それくらい超一流店というのは敷居が高く厳粛なムードを漂わせていた。

中二階に貸衣装部門があり、四階に美容室があった。四階のお店に行っても正面受付では身体が緊張していた。

当時、帝国ホテルは百十周年、遠藤波津子グループは九十周年の歴史があった。

遠藤波津子グループは、帝国ホテル店を筆頭に東京會舘、パレスホテル、京王プラザホテル、その他に一流外資系ホテルに貸衣装部門と美容室を出店していた。すべて「本物・一流」を誇示し、どの店も厳粛な雰囲気を醸し出していた。そのなかでも、帝国ホテル店は最高位のお店であった。

店には女性のマネージャー、アシスタントマネージャーがおり、当初、私は顧客に接遇する役職ではなく、帝国ホテルのパートナー企業として対帝国ホテル営業担当マネージャーであったが、一カ月後には顧客対応の任にも就いた。

厳粛な一流店も、その内部に入ると、各社員は年中無休の店舗で忙しい毎日を送っていた。お客様への対応、帝国ホテルマンとの対応。そして、自らの技術向上のための勉強と社内試験対応。とくに社員は、お客様との対応では毎日厳しい試験官と対面しているようなものだった。

「お客様は神様です」と教えられた社員たち。しかし、お客様に頭を下げて、お客様のお顔を正面から見据え、一挙手一投足の動きからお客様を観察し、洞察力をもってご要望、ご期待を察知し即実践する。そのようなことが、私から見ると十分にはできていないことを感じた。慇懃、丁寧な言葉遣いと立ち居振舞いはマニュアル化され、何か不安げで自信が無いようにも見えた。

そこで私は「お客様は神様ではないでしょう」とスタッフの前で声を荒らげた。「神様ならば、もっと優しく我々を許し助けてくださるはずです。お客様は我が儘です。身勝手です。理不尽なことをおっしゃる方です。それが当たり前です……」と。

この私の暴言に社員たちは「エッ！」という顔をしたが、その後は私の話に耳を傾けてくれるようになった。

ハッコ エンドウ ウエディングス帝国ホテル店時代

婚礼業では、結婚式をどの会場（ホテル）にしようかと、新郎新婦やその親御さんが集まる「ブライダルフェア」が年間の大きなイベントである。そのフェアのあり方も年々変化してきた。バブル崩壊とともに地味婚といわれるようになり、婚礼費用も低下する。各ホテル・式場は、婚礼プランのセットメニューで、テナントにも経費・利益負担を課すようになってきた。私が入社した時代が、その兆候の始まりでもあった。

私は一九六六年（昭和四十一年）の結婚以来、友人・後輩・社員・知人の結婚式の司会を依頼されるとともに、挙式から披露宴のプロデュースを仕切ってきた。つまり、婚礼の発注者としてのプロでもあるという自負が少なからずあった。

帝国ホテルで結婚式を行いたいと思われているお客様への対応、ホテルの宴会予約スタッフや衣装を選ぶために来られるお客様のスタッフ対応など、いろいろな角度からの接遇を見ていて、接客に何かが足りないと感じるようになる。

入社時は、対帝国ホテル要員だったが、そのうち貸衣装部門のマネージャー、そして四階の美容・着付部門のマネージャーも兼任する。

ただ、現場の社員が行う仕事を何一つマスターしていない、それどころかできないマネージャーであり、それは会社としては初めてのことであった。

その当時、私は遠藤波津子先生が常々語られていた言葉と向き合い、何をなすべきか考えていた。

「技術者が高い技術を持ち合わせるのは当たり前。技術のない者はお客様の前にも出られません。しかし、高度な技術を持っているだけでは、お客様に満足していただけません。人の〝徳〟というもの、人との触れ合い、心のあり方が必要です」というものである。

その教えは、創業者から当時の四代目遠藤波津子先生に受け継がれていた。そして、創業以来の企業理念である「その日、向かい合う人の心をより美しく」「文化の薫りを尊び本物を志向する」というスローガンに向かって、自分が何をするべきなのかを考えた。

帝国ホテル内の遠藤波津子グループの私。体の半分は遠藤波津子グループで、半分は帝国ホテルマンとして、二つのブランドを背負って行う仕事とは何なのか……。

私は熱く燃えていた。結婚式の大半は土・日曜日・祝日で、仏滅の日曜日にはブライダルフェア。平日はホテル側との打合わせ、グループ本社での会議。「小山はいつ休んでいるのか？」と言われるほど休みなく働いた。

クレーム処理で教えられた

ある日、大きなクレームが発生した。

クレームは、花嫁の親族が留袖の着付をして出席されたところ、婚礼が終わる頃に親戚の方から「あなたの着付は一体何なの？　変じゃないの？」と言われ、大変な屈辱を受けたというものだった。

関西ご出身の方々で、京都や神戸から来られた親戚同士なので、遠慮のない言葉のかけ合いだったそうだが、このクレーム処理に関して本社上司の指示を仰ぎ、その通りに処理をして詫び状も書き一度は収まった。

しかし、それが大事件の勃発にもなった。

そもそもが、着付のクレームである。着付担当者は遠藤グループでも屈指の技術者で、後に役員にもなる立派な女性だった。その人から「この方の下では働けません」と猛反発をくらった。

その技術者の上司ともども、会社役員に「技術者の気持ちも技術も解らないマネージャーの下では働けない」と訴えられたのだ。

私の行ったクレーム処理は、クレームを出した方に「着付料」を返金してご容赦いただくということだった。

ご本人が着付が悪いとクレームを言われたわけではなく、いわば他人の中傷である。集合写真を見ても着付に問題があるわけではない。

しかも、技術を提供しての「着付料」をいとも簡単に返金するということは、技術者への冒涜であり許されるものではない、ということである。

まことにその通りである。私は担当した技術者に平身低頭謝罪し、とにかく許していただいた。

その後、約十年間でも美容・着付等の技術的なクレームは大なり小なり発生したが、技術料の返金、減額は一切せず、別の形でクレーム処理を行った。その甲斐あって、怒りをぶつけていただいたスタッフとは最もよいコンビとして帝国ホテル、技術者、スタッフからも厚い信頼を得ることができた。

ちなみに、そのクレームを起こしたお客様には、丁重な「お詫び状」を出し、それがご縁で顧客となっていただいた。

クレーム処理もあらゆる角度から考慮しないといけない。このことから、多くのことを教えられた。

美容も衣装も技術のないマネージャーとしての責務を果たすために、私の下に現場のマネージャーが着任した。私はその上でグランドマネージャーとして、経営管理から人事管理、顧客管理、さらに帝国ホテルとの連携、一体化の職務の任に就いた。

問題が起きても、本社や役員はその実態が掴めず、机上論で現場を解らずに経営している会社が多い中で、私は常に現場のトップとして現場とともに歩んでいった。

帝国ホテルでは、奇しくも当時の藤居寛《ひろし》社長が「現場第一主義」を唱えられ、遠藤グループの遠藤社長は「顧客満足」でホスピタリティを唱えられ、私は両社の指針、スローガンを掲げて邁進した。

接客・接遇を極めるのに最も勉強になるのが、起きてしまうクレームであった。クレームの内容によりわかるスタッフの質、出来不出来、能力、マナー・エチケットの知識等々。

そして、クレーム処理での発生から対処の仕方で、顧客の質、ホテル担当者の質、遠藤スタッフの質が目に見えてくる。

私のマナー、エチケットの原点は、このような人生修業のなかから生まれてきている。

第五章

国によって違います。恥をかかない食卓のマナー

食卓で躾けられた

小学校に入ったばかりのことだったが、東京から京都へ来た叔父が兄弟三人を河原町通りにあった「スエヒロ」に食事に連れて行ってくれた。

食事を終えて帰宅すると、姉と兄は母親に「高夫は恥ずかしいわ。最後の紅茶のときにおさじ（スプーン）をカップに入れたまま飲みはったえ。スプーンはお皿に置くもんやのに……」と告げ口した。

そんな子供の頃の記憶がある。姉や兄も小学生だったが、小さいながら食事のマナーにはうるさかった。

それは、食事のマナーとして母が必ず注意していたことがあったからだ。

1．ご飯は左、お椀は右に置きなさい。

2．「クチャクチャ」と音をたてて食べたらいけません。

3．食事しながら喋るときは、口に食べ物が入っている状態で話してはいけません。

口のなかに食べ物が見えるのはいけません。

4. ご飯を食べながら水やお茶を飲んではいけません。全部食べ終わってからです。

5. 自分のおかずがあるのに、最初からお漬物をとってはいけません。

6. 大鉢に盛ったおかずを直箸でとってはいけません。必ず〝お菜箸〟でとりなさい。

7. お箸を持ったまま、その手で醤油差し、調味料、お皿などをとってはいけません。

8. 調味料など遠くにあるものを手を伸ばしてとってはいけません。それがある目の前の人に声をかけてとっていただきなさい。

9. お箸で物や人をさしたり振り回してはいけません。

10. 自分が手をつけたものは残してはいけません。どうしても食べられないときは、大人の誰かに食べてもらうか、はじめから手をつけてはいけません。

11. 食べ物を口に入れて歯で噛み切るのは下品です。お箸やナイフで自分の口に入る大きさにして口に入れなさい。

12. お茶碗に口をつけて食べてはいけません。口をつけて食べてよいのは、お椀の汁を飲むときと、お茶漬け、お粥を食べるときだけです。

13. お箸を置くときは、先端は左向きに置きなさい。

……等々、少し思い出すだけでも、これくらいはすぐに出てくる。

このように列記すると、食卓は静かで重い空気が漂っているように感じるが、まったくそのようなことはなかった。むしろ、活発にその日の学校のことを話したり、家族の会話の団らんの場でもあった。

そして、食事をいただくときには「いただきます」。それに対して母や祖母は「よろしゅうおあがり」。食べ終わったら「ごちそうさまでした」。食事の挨拶と返答は最も大切なものとして欠かしたことがなかった。

縁起でもない……、一膳飯は仏さんです

これ以外にも、ご飯のてんこ盛り、ご飯にお箸を立てる、一膳で終える一膳飯は、きつく叱られた。これらは死者への作法に通じるものだからである。

一膳飯にならないように、最初から少なめに盛っていた。また、おかわりのときは一口分残しておかわりするのが正しい作法だと躾けられた。

一部解説を加えるならば、4．の食事をしながら水やお茶を飲んではいけない、というのは、噛まずに流し込む癖をつけないということと、水がなくても食事ができれば、災害時などイザというときに困るからというものだった。

また、11．の食べ物を噛み切ってはいけないでは、トーストであっても一口で食べる大きさに千切って食べるように注意された。

我が家のマナーは京都的な作法のなかにも、父方の江戸文化的なしきたりも含まれたもので、小山家独自のものでもあったと思う。とくに、母の生家の行儀作法が強かった。

後年これら母の注意を思い出すと、正式な和食のテーブルマナーに準じていることが多く、我が家の躾が素晴らしいものであったと感謝している。

小皿叩いてチャンチキおけさ〜、は下品？

子供がお箸を持ちはじめると、お茶碗やコップをお箸で叩いて遊んでしまうが、私たちがそれをやろうものなら母からひどく叱られた。

ところが、我が家に人が集まり大人の宴会が行われていたとき、酔うほどに茶碗を叩いて大声で唄を歌うのを目の当たりにした。子供心に「?.?.?」と疑問を感じていたら、祖母が「あれは行儀の悪い人です。真似をしたらいけません」と囁き、やはりマナー違反なんだと納得した思い出がある。

東京に移り住んだ後の学習院中等科時代、友人のご家族と共に外国人の主催するパーティーにご一緒した。そのとき、主催の外国人のご主人が、グラスを持ってスプーンで「チンチン」と叩いて、「皆さんご静粛に……」とパーティーの始まりを告げた。

行儀が悪いと教えられたグラスを叩くことが、西洋のパーティーでは「注目してください……」「ご静粛に……」の合図であることを知った。所変われば、である。

ホテルでの朝食風景を見ていると、多くの人は当たり前のようにトーストを歯で噛んでカットしている。これは、テーブルマナーでも良くない仕草で、食べ物を歯で噛み切って元に戻すのは日本人の悪習慣である。

私のテーブルマナーには、両親の教えがあり、東京に出てきてからは友人宅での食卓で、その多くが培われた。食事に招かれたときに、「親元を離れているから」とか「家庭での躾ができていない」と思われることに、子供ながら抵抗し、親に恥をかかせたくないという想いが強くあった。

評論家でジャーナリストの故草柳大蔵氏は、食事・食卓のマナーを、

1. 参加している人の会話の質。
2. 料理を作ってくれた人への「礼儀」と食材に対する「感謝」。
3. 空腹は最大のソースなり。
4. テーブルマナーの真骨頂とは「王侯貴族のように振る舞う」ことである。

と言っている。

戦後、ホテルオークラの立ち上げに参加した故・野田岩次郎氏は、

「テーブルマナーはお互いに料理をおいしく食べるためにある手段であり目的ではない。料理をおいしく食べたいというのは、個人の権利で他人はそれを妨げない義務がある」と語っていた。

まことにその通りである。食卓を家族や友人と囲むとき、その基本はおいしく楽しい時間を過ごすためのものである。

食卓で私は武器を持っていません

ところで、そもそもテーブルマナーはどのようにして生まれてきたのだろう。

それは、中世ヨーロッパで王侯貴族が領地を支配し、領主たちの行き来がはじまった頃からだと伝えられる。それまでの晩餐では、すべての料理は同時にテーブルに盛られていたが熱い料理が冷めてしまうということで、ロシア皇帝が一品ずつ出した。それが広まり、テーブルでの作法も少しずつ生まれてきた。また、それに併せて晩餐での衣装も生まれてきた。

そんな時代を経て、テーブルマナーが完成されたのは十九世紀、大英帝国を築いたビクトリア女王時代といわれるが、その大きな要因には「危険防止」と「汚れ防止」の意味があった。

あなたが、ある程度グレードの高い西洋料理のレストランに行ったとしよう。

席が半分以上空いているからと勝手に入って座るのはマナー違反である。席が空いていてもリザーヴがあり、お店にはお客様同士の配置手順がある。必ず**店のマネージャーやスタッフが席に案内するまで入口で待つのが礼儀**である。

席に案内されるときに、コートや大きな手荷物は必ずその前にクロークに預けておく。

それは、食事の安全を確保するために生まれてきた大切な決まりごとである。つまり、かつて食べるところではすべての武器をあずけた。日本でも西洋でも、このしきたりは同じで安心安全な時間の提供のために必要なルールであった。ことに、**ピストルが開発されてからは、余計な荷物は全部預けるのがエチケットとなった。**

食べているとき人は無防備である。武器を預かるからこそ安心して食べられる。

ハリウッド映画で、レストランでマフィアのボスが殺されるシーンがあるが、食事中は武器を所持していないと知っているからである。

大きな荷物は他人にも目障りだし、給仕の妨げにもなるので必ず預けることが現代でも大切なマナーである。

席に座ったら手はテーブルの上に。相手から見えない膝の上に置くのは絶対にいけない。かつては、手をテーブルの上に置いて「私は武器を持っていません」という意味もあった。もし、小型拳銃を足元に隠していても手が見えていれば安心できる。

これは相撲の仕切りと似ている。相撲で脇を見せる仕切りは、私は武器を持っていません、ということから始まっているので同じ理屈である。

現代の日本では武器の心配はないと思うが、席につくまで、ついてからの作法は今でもテーブルマナーでは大切なことである。

危険防止という意味では、**テーブルに肘をつくこともマナー違反**である。テーブルクロスのかかったテーブルは、もともとその日のゲストに合わせて板を置いてテーブルにしたものが多い。肘をついて一方に力がかかりすぎると板のバランスが崩れるので、肘をついて食べたり飲んだりすることはタブーである。

カトラリーの扱い方にご注意

料理が運ばれて、**肉を切るときは左側から一口サイズに縦に引いて切る。**右から強引に切ると勢い余って肉片が皿から飛び出して、隣人の衣服を汚す危険性もある。左から切って、大きい肉片を残すようにしたほうが皿から飛びにくくて安全でもある。

肉用のミートナイフを使い終わったら、必ずナイフの刃は内側に向けて置く。外側に向けて置くと他人に危害を加えるような印象を与えてしまうので注意したい。

ティースプーンやスープスプーンの置き方にも汚れ防止の意味がある。ティーカップやスープ皿にスプーンを入れたままにすると、何かの拍子にスプーンが跳ねてなかの物が飛び散る恐れがあるので、スプーンは入れたままにしない。

ティーやコーヒーのスプーンは、口には入れないのでカップの向こう側に置き、スープスプーンは口に入れたものなので、他人に見えないようにスープ皿の手前に置く。

また、レストランでの食事中に誤ってフォークやナイフを落としてしまったとき、自分でそれらを拾ってはいけない。テーブルの下に身を屈めるのは最も危険な行動でもある。それこそ武器の使用をイメージさせてしまうので、その場合はウエイターにお願いする。

ウエイター（waiter）は、読んで字のごとく「待っている人」である。お客様が何かを要求したり、アクシデントが起きたときのサービスを待っている人である。とくに欧米では、**ウエイターはサービスのプロであるので、自分でナイフやフォークを拾う行為はウエイターの仕事を奪う悪徳とみなされる。**日本人の感覚とは相容れないところがあるので注意したい。

食事しながら会話を楽しみ、何の心配もなくおいしい時間を過ごすために生まれたテーブルマナー。危険防止や汚れ防止がその起源だと知るだけでも、テーブルマナーが楽しいものになってくる。

ミートナイフは口に入れるべからず

世の中が不景気になると、旅やグルメをあつかったテレビ番組が多くなる。それ自体は悪いことではないが、レストランなどでの食事シーンで、あまりの行儀の悪さにびっくりすることも多い。

あるとき、セレブが通うレストラン紹介で、ゲストのセレブと称する女性が馴染みの店でメニューを紹介していた。その後、同席したゲストと食事のシーンになったが、セレブを自称する女性は自慢の長い足を組み、斜に座って食事をはじめた。本人や番組スタッフからすれば格好良い姿なのかもしれないが、本物のセレブならそのような格好で食事をすること自体が礼儀知らずである。足を組むことが当たり前の欧米でも、**食事中に足を組むことはマナー違反で行儀が悪い**とされているのをご存知ないようだ。

食事中の行儀が悪いことでミートナイフの形状が丸くなったというエピソードがある。

肉を切るためのミートナイフは、本来は鋼鉄製でひげが剃れるほど鋭利で先が尖っている。それに対して、先を丸くしたミートナイフも一般に出回っている。

十八世紀までミートナイフは先が尖っているものであった。その当時、正式なミートナイフを使うのは王侯貴族が中心。貴族だから行儀がいいかと思ってしまうが、必ずしもいいわけではなかった。ナイフの先が尖っていることで爪楊枝がわりにする貴族もいたのだ。

なかでも有名なのがルイ十三世時代に宰相を務めたリシュリューで、彼は日常的に爪楊枝がわりにしていたと伝えられる。

その後、ルイ十六世の王妃となったマリー・アントワネットの叔父が下品な人で、リシェリーのようにミートナイフで歯の間をつついていた。再三、王妃が叔父に下品な行動を慎むように申し入れるがやめる気配がない。あるとき、イギリス王室を迎えての晩餐会を開くのだが、おそらくその席でも下品な行為をするだろうということで、それを阻止するための手段として先を丸くしたミートナイフを作らせたという。

これにより、**先の丸いものはフランス式、先の尖ったものはイギリス式となり、今に伝えられている。**フレンチレストランでは、先の丸いミートナイフしか置いていないはずである。もし、先の尖った鋭利なミートナイフが出てきたら、イギリス系料理だと判断できる。

また、カトラリーの置き方でもフランス式とイギリス式は異なる。

イギリス式では、スプーンやナイフ、フォークの刻印を見せるようにカトラリーの背中を上向きにして、最初からすべてセットされている。フランス式ではカトラリーを一皿ごとに換えるのが基本である。

食事が終わったときのナイフ、フォークの置き方もフランス式では三時の位置、イギリスやスペイン式では五時の位置に置くという、その国ならではのマナーやエチケットがある。

西洋料理のテーブルマナー

テーブルマナーでの意外な盲点がテーブルナプキンの扱い方だ。ナプキンの扱いでマナーの良し悪しも見られる。

テーブルナプキンの用途は、

①裏側で口元を拭う、②指先を拭う、③食べこぼしのキャッチをする。

ナプキンの大きいサイズは通常八つ折りにしてあり、二つ折りの大きさにして折り山を手前にして膝の上に置く。小さいものは全部広げて膝の上に置く。

まず、席についてテーブルナプキンを手に取るタイミングに注意したい。

正式な会食やパーティーの場合は、席についてすぐにテーブルナプキンをディナープレートから外してはいけない。 主催者の挨拶と乾杯が終わり料理やワインが運ばれる直前で、主催者で最も地位の高い人が取った後に初めて手に取る。最も地位の高い人が婦人同伴の場合は、その婦人が手に取ったときが外すサインとなる。

海外のビジネスパーティーでは婦人同伴のケースが多いので、あくまでもレディーファーストを心掛けることが基本である。無意識に挨拶や乾杯前に外してしまったら、それは礼儀知らずになってしまう。

テーブルナプキンを膝にかけた後、**食事が終わるまでの中座はマナー違反だが、やむをえず中座するときは、軽くまとめて椅子の上に置く。途中で退座する場合は、軽く畳**

んでテーブルの上に置くことが原則である。

几帳面な女性のなかには、使用したテーブルナプキンをアイロンをかけた後のようにきちんと畳む方もいるが、これはレストランや会場側にすると別のサインになってしまう。つまり、

「このテーブルナプキンは使いませんでした」——即ち、食べるに値しないものしか出なかった、というサインになってしまう。本当に食べるに値しない料理ならば抗議の一つとしてもいいだろうが、丁寧に畳む癖のある方は注意していただきたい。

それから、テーブルナプキンがセッティングされている**ディナープレートと呼ばれる皿は一切動かしてはいけない。**これはテーブルの一部とされるもので、オードブル、スープ、メインディッシュなどがこの上にサーブされる。

もし、テーブルの少し奥に置かれて食べにくいと判断した場合は、ウエイターを呼んでセットし直してもらう。あくまでも自分では触らない。

「カンパーイ」には要注意！

乾杯についても一言書いておこう。

お酒の飲めない方が乾杯のときに、グラスに水を入れて乾杯することがあるが、これは絶対にダメである。日本では水盃（みずさかずき）という言い方があるように、死に別れるという意味になってしまうので、アルコールが飲めなければソフトドリンクで乾杯する。**欧米でも水での乾杯はタブー**であり炭酸水にする。

グラス同士を接触させて乾杯するのも欧米ではマナー違反となる。グレードの高いレストランほどグラスは薄いので、チンすることで割れる危険性もある。したがって、乾杯は目線の位置まであげる動作で、その意とする。

乾杯に限らず、「アルコールは飲めないので結構です」というときに、日本ではよく盃を逆さに置いて意思表示をすることがあるが、これは日本以外ではマナー違反になるので注意したい。そのような場合には、グラスの上に手の平をかざして断るか、コースターをグラスの上に乗せても良い。中国料理では乾杯がつきものだが、この場合も同様である。

逆に、**ワインなどの飲み物をウエイターが注ぐときには、テーブルで食べる西洋料理の場合は絶対にグラスを持ち上げない**ことである。

席次のプロトコール

テーブルマナーの重要な要素に席次のセオリーがある。

席次＝上座と下座は、知っていなければならない。人を招いたとき、招かれた場合のみならず、「親しき中にも礼儀あり」の基本である。

結婚式の披露宴会場での席割りで、一卓のなかで上座はどこ？　等、招待する側に初めてなったときの混乱ぶりは、経験者ならば憶えがあると思う。

テーブルや部屋での上座・下座を知る前に、招待した場合のみならず、知らない方と同席・同卓で案内されたときには、**目上の人を上席にするのが常識**である。

目上の人とは、**上司・恩師・親の友人・お世話になった方・先輩、そして友人、親戚、家族の順**になる。親戚の方でも社会的地位があり、高齢者の方は上位になる。

招いたとき、招かれたときに案内された席がそのルールに反していた場合は、臨機応変に席の位置を代っていただいたほうが、自分の居心地ばかりでなく、相手の方々も楽になるのではないだろうか。本来、上座に座るべき方が下座になってしまうと、その場の雰囲気が悪くなることが多い。

日本間と洋間では異なる場合もあるが、まず出入口に近い席は下座である。その下座から最も遠い位置で、日本間の場合は「床の間」の位置、洋間であれば暖炉（マントルピース）の位置が、その部屋の最上位になる。

しかし、床の間もマントルピースも存在しない場合は、家（建物）の中心に近い方向や、庭（外景）が美しく見える席、人の出入りが煩わしく感じない席などが上座となる。

上座が決まると、そこでの立ち居振舞いは「上座方向に顔を向けるような心持ち」で動く。また、その**部屋で自分の私物を置く場合には、必ず下座方向の脇に隠すように置く**のがエチケットとなる。

レストランなどで席を案内されて、フロア係（ヘッドウエイター）の人が最初に椅子を引く席が上位で女性優先になる。また、壁を背にするほうが、その卓での上座。外景の見晴らしのよい席が上席。寿司屋、とまり木バーなどのカウンター席の場合は入口から遠いほうが上席となる。

《食事の前段階でのマナーとエチケット》

1. 出入口から遠いところが上座の原則。出入口に近いところが下座。

2. 和室の場合＝床の間の前が上座、上座から見て床の間側が二番座。床脇棚（脇床）側が三番座、上座の向かい側が四番座。応接セットの場合＝ソファー（長椅子）が一番、アームチェアが二番。そして、スツール。

3. 日本では左優先＝座席順に左が正座、右が次席（左に吉あり）。ヨーロッパでは右優先。

4. 席次の決め方＝誰が主賓か、最も大切な人は、高齢の婦人がトップ。ホストの友人、親戚は末席。席は男女隣り合わせ。

5. レストランでは案内のフロア係が最初に椅子を引いてくれた席が、そのテーブル

の最上席。

6. 座ったときに見晴らしがいい席が上席。

7. 男性は壁に向いて、女性は壁を背にする。

8. 男性は女性が着席してから座る。

並ぶ場合は男性は右、女性は左に座り、男性は女性をエスコートする。

9. 椅子を引かれたら左側から入って座る。

10. 女性のハンドバッグは背中と椅子の背の間に置く。

11. テーブルと胸の間は「握りこぶし二つ分」のスペース。

12. レストラン、宴会場にはハンドバッグ、ストール以外は何も持ち込まない。

鞄などの手荷物、帽子、コート、傘などは必ずクロークに預ける。

13. 席へはフロア係の案内でつく。

14. 食事には遅刻をしない。

プライベートな集まりでは、席次にさほど気を遣うことはない。しかし、「公式行事」や「儀礼行事」などではプロトコールとして席次は厳格に決められているので、「親しき中にも礼儀あり」で普段から気をつけて身につけておきたい。

卓のマナーに最も厳格な中国

席次について、最も厳格に決められているのが中国だ。

私が初めて中国本土に足を踏み入れたのは、一九七八年（昭和五十三年）十一月だった。当時、仕事の関係から財団法人の日本ユニフォームセンター（NUC《ナック》）に所属していて、日中服装技術交流に先駆けての視察団の一員として北京、上海などを訪れた。

私たちの団体が、中国政府下部組織の団体に招待されたときのことである。

宴会場に入る前に、招待者側から私たちの団体の役職を訊かれた。宴会場入口前の廊下で、招待側と訪問側のトップと事務局長が話をされ、一人ひとりに整列順番が伝えられて各々がどの卓につくかが決められた。

何と、私は理事長と会長の次の三番目にあげられ、小学生のように整列して卓につくことになったのである。私は、団体組織では下部組織の議長をしていたが、この訪問団では副団長を務めていたからだった。

中国では儀礼行事で団体や組織を招く場合、その役職や階級の順位によって整列し、入場後は順番に卓に振り分けられる。

私は六卓あった三番目の順位の卓の主賓席に座らされた。各卓には招待者側の方々も役職、階級により配置され、席次もそれにより決まる。

宴の幕開けは、招待者側のご挨拶後の乾杯からである。

小さなスタンドグラスに茅台酒《マオタイ》が注がれ、ホスト側の「干杯（乾杯）」の発声にあわせて教えられた通りに飲み干し、グラスが空になったことをホストの方々に見せてからグラスを置いて着席する。

料理が運ばれてくると、ホストが左右のゲストに前菜を取り分けてくれる。前菜以降は取り分けるのは自由である。

中国の儀礼行事では乾杯がつきものである。卓の向かいのホスト側の主人が、その卓の主客である私に「小山先生」と名指しされ、乾杯のときのグラスに茅台酒を注がれ乾杯する。このときは一対一である。

　それから、次々とホスト側の方々から指名を受けての乾杯がある。これで酒量はどんどん増えて酔ってしまうが、中国では宴席での泥酔は厳禁である。どうしても飲めない人は盃の上に手をかざしてお断りする。盃を裏返しにするのは、世界共通のマナー違反になる。

　このような宴席のマナーとして、招待への返礼で今度は我々が招待することになる。公司の方々を北京ダックの老舗に招待し、慣例、しきたり通りに招待者側の方々を拍手で迎え入れる。あちらも一列縦隊で整列されて入場された。各卓では、招く側のトップと招待者側のトップが正午と六時の位置に相対面して着席する。

　北京ダックの店では、北京ダック料理のしきたりとして、ダックの頭が真っ二つに切られ、大変に小さい脳みそが両トップだけに配膳される。前菜料理が運ばれてきたら、今度は我々がホストなのでゲストに取り分けてあげる。

　このように中国のテーブルマナーは非常に席次が厳格なので、中国の方々と会食する際には是非憶えておいていただきたい。

世界中どこでもおいしくいただけるのが中国料理であるが、食卓でのマナーの基本を紹介しておこう。

1. 箸は箸置きを使って縦に置く（長い角箸が正式）。
・和食ほど箸使いは細かく規定していないが、箸をなめる「ねぶり箸」は厳禁。
・原則として「とり箸」は使わない。直箸でよく、逆さ箸は無用。

2. 散り蓮華《れんげ》をうまく使うのが中国料理を食べるコツ。
・持ち方は左手でスプーンと同じように横にして使う。
・西洋料理と同様に、皿や器を持って食べてはいけない。
・汁がたれるような料理は、散り蓮華を受け皿代わりに使う。
・大皿から料理を自分の取り皿に移すときもサーバー代わりに利用する。
・麺類も汁も自分の口に入れる分だけ散り蓮華に取り食べる。

3. 大皿にサーバーが添えられている場合。
サーバーのスプーンを左手、フォークを右手に持ち、スプーンで料理をすくい、

フォークで押さえるのが基本。

4．主賓がいれば、最初に主賓に取り分ける（両隣り）。

どの料理も主賓が手をつけない限りは、他の人は手を出さないこと。

5．回転テーブルは右回り（時計回り）が原則。

6．汚れた皿は自分の左側に置いて取り替える。皿が足りなくなったら給仕に頼んで新しい皿を追加してもらう。

7．取り皿にとった料理は残してはいけない。すべて食べるのがエチケット。

ちなみに、お箸を使う文化で、お箸のみは日本とベトナムだけである。

日本料理、西洋料理、中国料理それぞれに細かなテーブルマナーはあるが、それをいちいち気にしていたらせっかくの食事も台無しになってしまう。かといって、無礼講で好きなように食べればいい、というわけでもない。

基本は、一緒に会食する人たちに不快な思いをさせず、心地よい時間を過ごすことができるかである。

咀嚼途中で話したり、箸やカトラリーで遊んだり、ナイフを口に入れたり、他の席もおかまいなしに大声で話すようなことは、世界共通のマナー違反である。

私は、鰻重の食べ方でその人のマナーがわかると常々思っている。

食後にお重の四隅にご飯がいっぱい残っている。鰻を箸で切らずに歯で噛み切る。お重の縁に口をつけてご飯を流しこむ、等々。

鰻重の食べ方に、箸の使い方から普段のマナー度、品格が見え隠れする。あなたの食べ方はどうであろうか。

■ 結婚・披露宴など高砂がある場合の円卓の席次

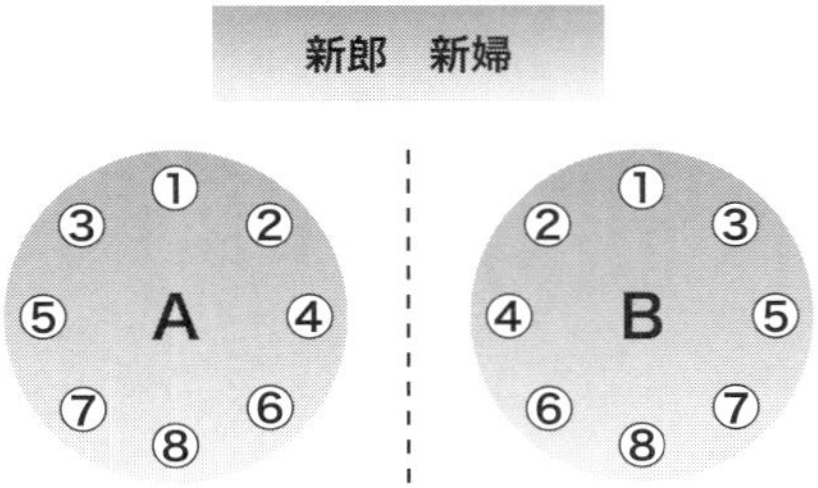

AがBより上位

①高砂から向かって右側の円卓が上位の円卓となる。

②円卓では高砂側が上位で左右が次席になるが、中央を基準に席次が決まる。

■ 洋間・応接室の席次

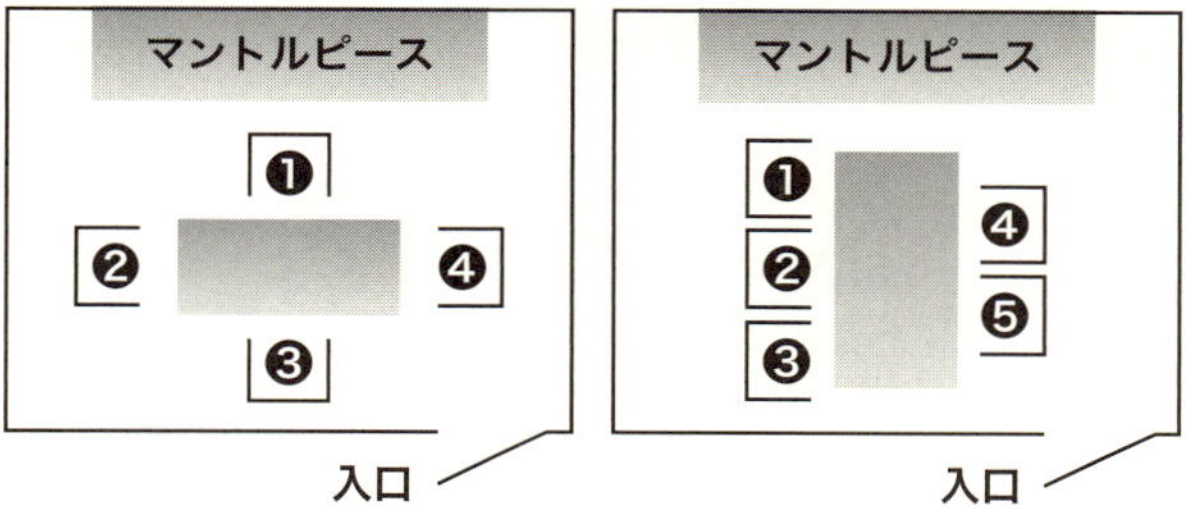

①マントルピースの前が最上位になる。
②３人掛けのソファーがある場合はソファーが上席で、入口から一番遠い位置が最上位になる。
※入口の位置により❷❸❹が入れ替わることもある。

■ 洋室・レストラン長卓の席次（伝統的な男女混合）

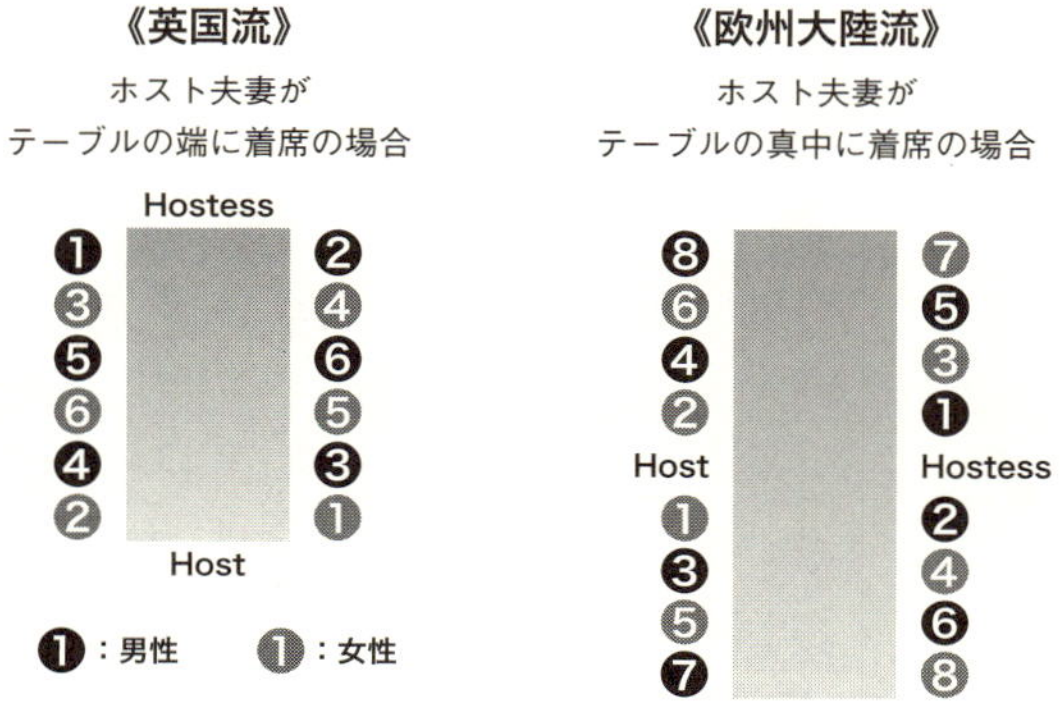

①日本で長卓での会食では、基本的に欧州大陸流で、最上位をテーブルの真中にする。
②４人ほどの少人数の場合は入口から一番奥が最上位になる。

■和室の席次

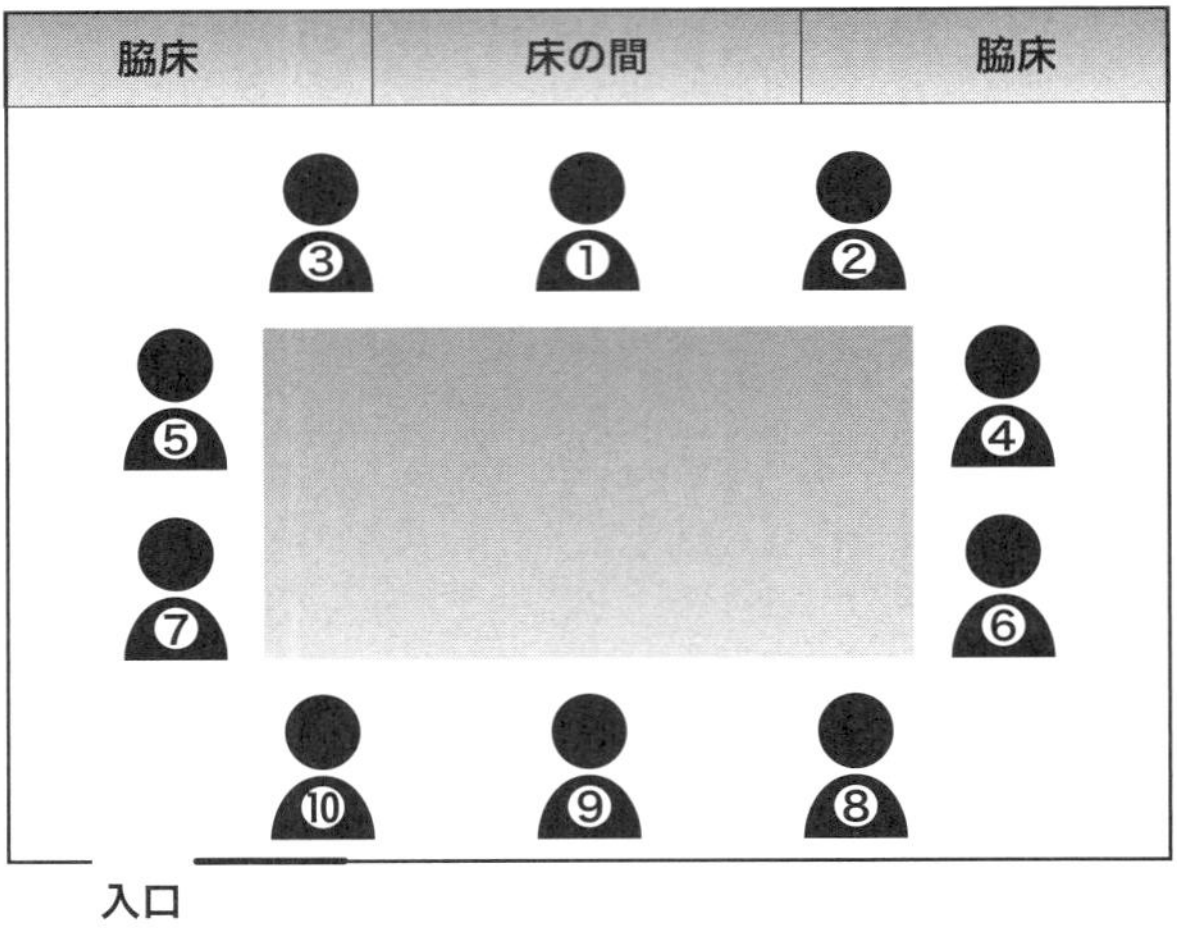

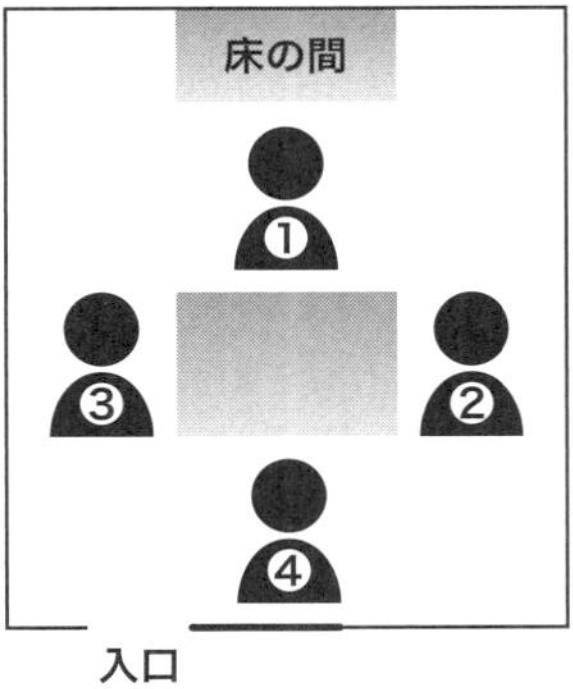

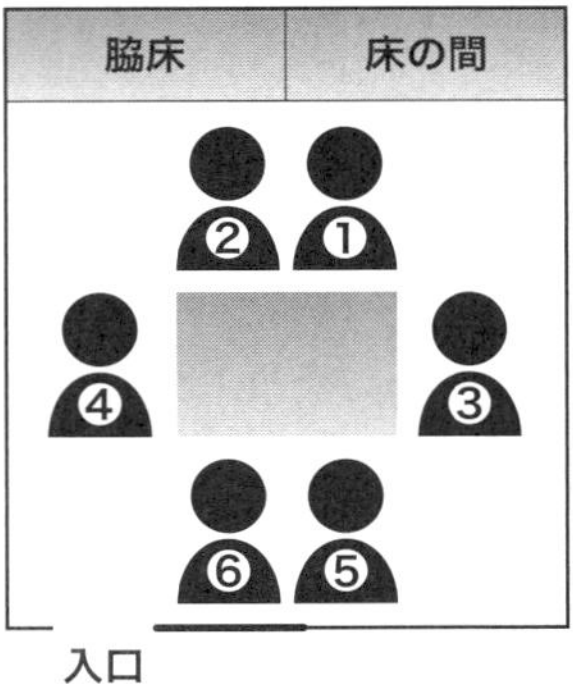

① 床の間の前が最上位、脇床が次席、床の間に向かって右側が上位席になる。
② 脇床が向かって左側にある場合は「逆勝手」といって次席が脇床の前になる。

■ 中国料理・中国で接待の場合の席次

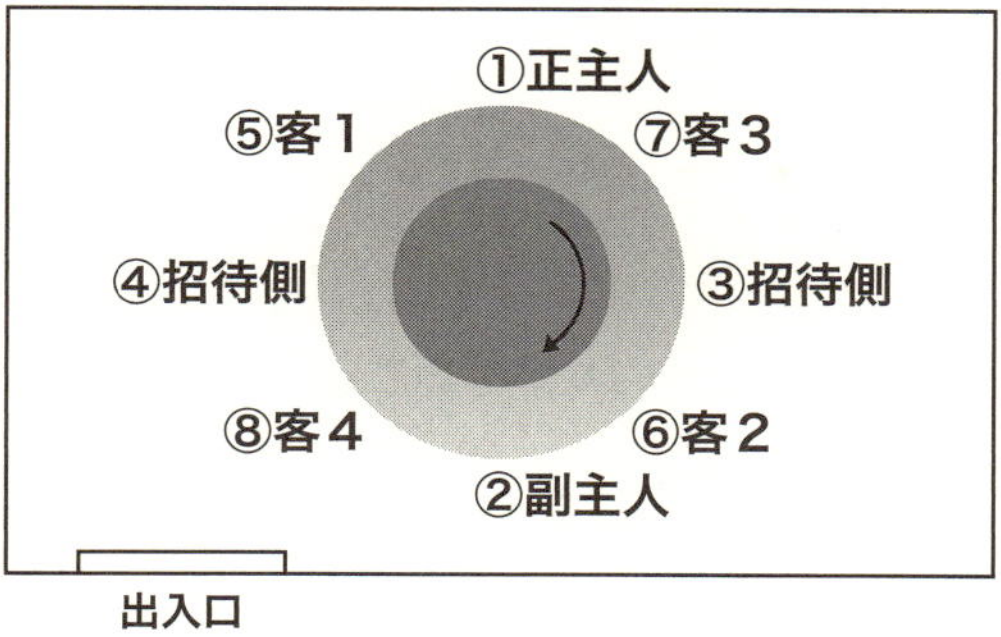

ホストの右側にゲストの席が決められる。

■ 中国料理の一般的な円卓の席次

出入口の一番奥が上座になり両側が次席になる。回転卓であれば「時計回りに回すのが原則」なので、上座の左側を第２席、右側を第３席とする。

第六章 ―― 葬儀屋として想うところ

葬儀はハレ（霽）の日

私は儀式を大切にしたい。儀式はあるルールに基づいて行う、日常とは異なる特別な行為である。そこには、宗教や信仰も関わってくるが、昔からの生活のしきたりも大きく影響してくる。儀式を追求していくと、その土地、その国の伝統文化が見えてくる。

多くの人にとって儀式には特別な宗教的イメージがあるであろう。しかし、私が大切にしたいのは、個人の生涯のなかで必ず関わることになる通過儀礼と呼ばれるものである。

これを一括りにすると「冠婚葬祭」ということになるだろう。

広辞苑では、冠婚葬祭を「古来の四大礼式。元服（冠）と婚礼（婚）と葬儀（葬）と祖先の祭祀（祭）のこと。」と記載されている。

第三章でも述べたが、冠婚葬祭を昔はハレの日と呼び、普段とは異なる特別の日として大切にしてきた。その日に着るのは晴れ着であり、普段とは違う食べ物で集まった人たちと特別の時間を共有したのである。

ちなみに、普段の日をケ（褻）の日という。

私は冠婚葬祭の儀式のなかで、婚と葬を職業として、さまざまな人々の結びつきからお別れまでを経験し、人々の人生模様に学んできた。また、今でも「小山セレモニー」で、葬儀を中心とした人生の終末プロデュースのサポートをさせていただいている。

私が弔いを意識するようになったのは四〜五歳の頃からだと思う。その頃から、祖母が毎朝行っていた仏壇での手順を見よう見まねで覚えた。お茶、お水、ご飯を供え、灯明（ろうそく）に火をつけ、線香を灯明でつけて片手で風を出して消して、鈴を一回叩いて数珠を両手にかけて手を合わせていた。

仏壇の位牌《いはい》は、先祖代々の他に祖父と戦死した叔父の位牌があり、二人の戒名は口に出していたので今でも覚えている。

そんな日課を行っているうちに、祖母に祖父や叔父のことをあれこれ尋ね、先人への想いも子供ながらにあった。

無意識のうちにご先祖様への弔いを教授してくれた祖母が、私が十五歳の中学から高校へ上がる春休みに実家で亡くなった。そのとき、私は脱脂綿に水を含ませ、祖母の唇を湿らせる「末期の水」を初めて行った。

いろいろなことを教えてくれた祖母への感謝とともに、祖母がいなくなる悲しみ、亡くなってどこへ行くのだろう、というさまざまな想いが交錯して葬儀を迎えたことを思い出す。

それ以来、心のどこかで葬儀を意識するようになり、大人になってからも友人や、そのご家族などの葬儀を、より素晴らしいものにしたいという思いで関わってきた。

もちろん、自分が関わった葬儀以外でも、友人、知人、仕事関係の仲間等多くの葬儀に参列者としても参加してきた。そのなかで、明らかにおかしな仕草や間違った作法が、さも当たり前のごとく行われているケースが意外にも多いことに気がついた。

祭壇の前でくるくる廻る昨今の通夜・葬儀

私が最も気になるのが、通夜・葬儀式での「焼香の仕方」である。よく見られるのが、参列者が祭壇の前で猿回しのごとくにくるくる廻っている光景である。最後には、ご遺影に尻を向けて参列者におじぎをして退席していく。おかしな仕草である。

通常、通夜・葬儀式の際には、必ず葬儀社の担当者が、喪主・遺族の方への焼香の作法や仕草を説明する。本番になると、教わった通りに喪主様から焼香がはじまり、故人との血のつながりの濃い順番で遺族の焼香が続く。

しかし、遺族から親族と血縁が薄くなっていくと、まるで伝言リレーのように焼香するまでの仕草が変化する。焼香前の「一礼」がその意味から外れ、祭壇に尻を向けて「一礼」し、焼香が終わると、また祭壇を背にして「一礼」し、くるくる廻りはじめる。

参列者の焼香列ができると、皆それに続けと祭壇の前でくるくる廻ることになる。

何のための「一礼」なのか。このような光景を見るたびに、私には不思議でしょうがない。

「葬儀の焼香の仕方」が書かれたほとんどの文献には、次のように表記されている。
①喪主・遺族に礼、②僧侶に礼、③遺影に礼、④焼香、合掌、⑤僧侶・遺族に礼をして退席。

間違ってはいないが、退席のときには、ご遺族側とともに祭壇に向かって左側の来賓側にも一礼するのが正しい。

焼香の始まりは、祭壇に向かって右側の喪主様からである。喪主様が他の親族、来賓者、そして参列者に向かって「一礼」するのは、「お先に失礼します」という意味である。そして、前に進み読経される僧侶に一礼する。

お寺の本堂で葬儀が行われる場合は、読経される僧侶の先に焼香台があることが一般的だが、多くのセレモニーホールでは祭壇と焼香台の間で読経することが多いので、遺影に対しての一礼と、僧侶への一礼は一緒になることが多い。

そして、焼香台の前に立ち遺影に一礼して焼香する。香を落としたら、左手四本の指に持っていた数珠を両の手の平にかけて合掌、礼拝をする。その後、一歩下がって遺影、そして僧侶に一礼（このときには数珠は左手に戻している）。さらに、遺族、来賓者に一礼して退席する。

喪主の最初の仕草が手本となり、後に続く人たちまでが同じように一礼してくるくる廻るようになってしまうので気をつけたい。

つまり、遺族、来賓までは参列者にお礼の意味も込めて「お先に」と一礼するのは正しいが、**参列者が祭壇に対して尻を向けて他の参列者に一礼するのは不自然**である。参列者は遺影に向かう前に、自分の次の人に軽く「お先に」の会釈が自然であり正しい。遺影に合掌、礼拝後に背を向けるのは、遺影に対して無礼でもある。

一般的な立礼式の場合、喪主・遺族代表は立礼の位置に、遺族、親族、来賓者は焼香の後に元の座席に戻って座っておられるので、焼香して退席する参列者は、焼香後「お先に失礼します」という意味で一礼して退くのである。

何のために、誰に対して一礼をしているのか。その意味を、喪主様はじめご遺族の方に正しく教示する葬儀社も少なくなってしまったのか。通夜・葬儀式のたびに繰り返される、遺影に尻を向けてまでくるくる廻る仕草に、私は残念で仕方がない。

焼香は何回するのが本当？

通夜・葬儀式で、よく質問されることに焼香の回数がある。

一般的によく見られるのは三回であるが、**焼香は厳密には宗派によって回数が違う。**さらに、「浄土真宗」に限っては焼香の仕方が他の宗派とは大きく異なる。

まず、一般的な焼香の仕方は、抹香を人差し指と中指、親指でつまみ、額の前で押し頂いてから三本の指で香炉にくべる。

ただし、「浄土真宗」では持ち上げてはいけない。三本の指でつまんだ抹香をそのまま火種の上にくべて合掌する。つまんで、そのままくべる。回数も一回だけ。

他の宗派はあまり回数にはこだわらないが、せめて自分の家の宗派の回数は覚えておいたほうがいい。

【宗派別焼香の回数】

一回：浄土真宗（本願寺派）、臨済宗

二回：曹洞宗、浄土真宗（大谷派）

三回：浄土宗（回数はこだわらない）／天台宗、日蓮宗（一回または三回）

焼香とともに覚えておきたいのは、線香のあげ方である。右手で線香を持ち、灯明から火をつけて左手で仰いで消すのは同じだが、やはり宗派によってその本数や仕草は変わってくる。

【宗派別線香のあげ方】

線香一本：臨済宗、曹洞宗、日蓮宗

線香一本または三本：浄土宗

線香三本：真言宗、天台宗（身・口・意の三業を清める）

特例で一本を二本に折って横にする：浄土真宗

やはり、線香のたて方でも「浄土真宗」のみの考え方がある。

「浄土真宗」は、誰もが〝南無阿弥陀仏〟と唱えれば必ず浄土で往生できると説いた開祖・法然の教えを、親鸞が受けて「死＝即仏」と説いたものである。それにより、一気に庶民の間に広まった。浄土真宗は、亡くなると同時に仏さんになるということから、通夜・葬儀の香典袋も「御霊前」ではなく「御仏前」でよいとされる。

また、お通夜のときに「故人のご供養ですから」と食事をする部屋を、通常は「お清め処」というが、即仏の浄土真宗では浄める必要がないので、その場所を「お斎（とき）処」という。斎というのは、僧侶や法事での食事を指す言葉である。

通夜で焼香をあげてすぐに帰られる方もいるが、**「お清め処」に寄り、たとえ少しでも口を付けるのがエチケット**である。

葬儀の場合は、焼香して火葬場まで行くのは身内や、ごく親しい友人・知人だが、**一般参列者は出棺までいて、お見送りするのが礼儀**である。

さらに、「浄土真宗」では通夜・葬儀の会葬者に渡される浄めの塩も不要とされるただ、会葬者のなかには、自宅に入るときには「浄めの塩」で身を清めたい、という方も多い。そこで、会葬礼状には同封しないが、焼香後の退場箇所にお浄め塩を用意している場合が多いはずである。

これらのことは、すべて葬儀社が取り仕切るのだが、今では葬儀社でも宗派による違いを正しく把握しているところが少ないようである。葬儀社であるならば、会葬者に

「故人は浄土真宗なのでお焼香は一回でお願いします」などのアナウンスをするべきである。

また、「浄土真宗」では僧侶は丸坊主である必要がないので、僧侶が剃髪していない場合は「浄土真宗」と考えても間違いないだろう。その場合には、焼香は一回、額にあげない、線香も寝かすと覚えておけばいい。

私は、宗派にかかわらず、焼香は回数が多いよりも一回で丁寧に行ったほうが素敵だと思う。

葬儀式でよく目にすることがあるのが、遺族に立礼して退席するときに、遺族の前で立ち止まって話し込む姿である。故人と親しかったので、どうしてもお悔やみの言葉もかけたくなる気持ちも分からないではない。

しかし、ひとりが立ち話を始めると、他の人も故人と親しかったというのを見せたくなり、次から次に話しかけるようになる。そうなると、遺族の前にどんどん会葬者が溜まってしまうので、これこそマナー違反になってしまう。

葬儀は近親者のみで……

また、最近よく耳にする言葉で「身内だけで密葬にしました」というのがある。この頃では「密葬」の意味が変わってきているようだ（多分、密やかにごく身内のみで葬儀をしたいという意味で使われているものと思う）。

「密葬」というのは、昔からかなりの規模の葬儀式になる。本来は、本葬の前に行う葬儀式で、家族、親族、故人の友人、知人、会社の近しい方で行う葬儀のことである。その後に、「社葬」なり「本葬」というのを執り行うのが本当である。

もし、**小規模で家族中心の葬儀ということであれば、「家族葬」**と言ってしまったほうがいいと思う。ただ、「家族葬」の場合も何親等までの葬儀かを勉強していないといけないだろう。

私が葬儀を執り行ったときには、あくまでも「密葬」は何々家のご葬儀だということを明示して、「密葬」では御香典をいただいた。その場合の本葬は社葬になることが多い。社葬は故人の功労を称えて会社が行うもので経費で落ちるため、本葬では香典の儀は辞退することを明確にした。

密葬と本葬があると、香典の二重取りも発生しかねないので注意すべきだろう。

金子包みのルール

「香典袋」などの「金子包み」にも、たびたびマナー違反があるので、ここで説明しておこう。

「金子包み」は祝儀袋と不祝儀袋に分けられる。両方ともお金（お札）を直には入れない。それは、昔からお金を不浄のものと考えていたためで、白い紙に包むようにして用意しておいた新札を入れる。

しかし、**不祝儀袋の場合は、新札だと弔事を用意していたようで非礼になるので、新札に折目をつけて入れるのが常識**である。しかし、現代では新札がＡＴＭでもどんどん出てくるので、そのままでもかまわないという説もある。それでも、私は新札を一折する手間は省かずに、折目をつけるべきだと思っている。

不祝儀袋を「香典袋」と呼ぶことが多いが、これは仏教での呼び方であり、神道やキリスト教には該当しないので「不祝儀袋」と呼ぶのが正しい。問題は表書きである。

御霊前と御仏前は違うの？

ほとんどの宗教、宗派での**通夜・葬儀で使えるのが「御霊前」**である。

ただし、浄土真宗だけは異なる。故人は、死と同時に成仏すると考えられるので「御仏前」と書かなければいけない。しかし、参列する人には何宗か解らないので「御霊前」でもよいとされる。

浄土真宗以外の宗派では、**故人が成仏するのは四十九日であるので、その日から「御仏前」の表書きになる。**

ちなみに、御霊前以外の書き方では、仏式では「御香料」「御香典」がある。神式では「玉串料」「御神前」「御榊料《おんさかきりょう》」、キリスト教では「御花料」が一般的で、カトリックでは「御ミサ料」。プロテスタントでは「忌慰料《きいりょう》」とも書く。

気を遣ってほしいのが、**〝蓮の花〟が印刷やプレスされている不祝儀袋である。これは仏教の図柄であるので、仏式以外ではマナー違反**となる。

法事の場合、仏式では四十九日以降、年回忌では「御仏前」が一般的であるが、関西では「御供」「御供物料」が主に使われる。

不祝儀袋の水引は白黒が一般的であるが、京都を中心にした関西では白黄の水引が主に使われる。とくに京都の法事では白黄が常識である。

神式では法要とはいわずに霊祭といい、「玉串料」「御神前」になる。キリスト教では、カトリックが追悼ミサ、プロテスタントが昇天記念の式が行われる場合があるが、年回忌のようには行われない。行った場合の表書きは「御花料」が無難である。

不祝儀袋の表書きは印刷の黒刷りが多いが、基本は薄墨である。なぜ薄墨かというと、悲しみのあまり涙が落ちていくら墨をすっても黒くならない、ということからである。表書きは印刷の黒刷りであっても、せめて**自分の名前は薄墨で書くのは常識**である。

名前を書くときには筆ペンを使ってほしい。ボールペンやサインペンは避けてほしい。

数珠と服装

仏式の葬儀での必需品として数珠があるが、最近の葬儀では持っていない人が多く驚いている。

葬儀や法事に参列して焼香する人は、本来数珠を持つものと教えられ、私も子供の頃から法事のときでも自分の数珠を持たされてお焼香をしたものだ。

数珠は数数と書くこともある。「じゅず」と発音する場合と、関西地方では「ずず」とも発音する。また、念珠ともいわれる。

数珠は手や首にかける最も身近な法具で、葬儀式では喪主様をはじめ、ご遺族、ご親族が持つのは常識とされている。

しかし、数珠は何のために持つものなのか。そんな単純な疑問に答えられる人も少なくなってきたのかもしれない。また、二蓮＝二輪のものと、一輪のもの（略念珠）は、どちらが正しいのであろうか。

数珠は、念仏を唱えるときに一声ごとに一玉繰って、何回唱えたかを数えることに用いたことから「念珠」という。仏様や菩薩を念ずる仏具で、常に念じていれば煩悩を消滅し功徳を得るといわれているものである。その種類は宗派によって違い、七十種類はあるといわれる。

数珠の珠の数は百八個が基本とされる。除夜の鐘の百八、仏道の修行には百八階級あるなどの百八から、その半分の五十四、二十七、十八などの数もある。数珠には男性用、女性用とあるが、それはデザイン上の問題だけで性別により区分けされるというものではない。

宗教も多種多様になってきているが、**家が代々の仏教であるならば、通夜・葬儀、法事に参加するときには数珠を持つように心がけたい。**少なくとも身内の葬儀には必携である。

喪服を知る

身につけるという意味では、通夜・葬儀の服装についても書き加えておこう。

現代では、関東で行われる通夜や葬儀では男性は黒服、黒ネクタイ、女性は黒の喪服が一般的である。しかし、関西では少し違いがある。とくに通夜のときである。

関西の通夜では、喪主、遺族までは黒の喪服は着ていても、一般の人が参拝に出向く際には黒でなくてもよいとされる。それは、お通夜から喪服で行くと常に用意していたのか、と思われてしまうからである。香典袋に新札を入れないという意味と同じである。

したがって、関西では黒っぽい服装で、男性ならばダークスーツでネクタイだけは黒にする。女性なら、バッグや靴、装飾品に派手な色を避けるくらいの気遣いでいい。

なかには、喪服でないからと喪章を袖に巻いている参拝者を見かけることがあるが、これは間違いである。喪章は一般の人がつけるものではなく、遺族側がつけるものであるので注意したい。

この章のはじめに書いたが、葬儀はハレの日の儀式である。それは、私たち日本人にとっては意義のある日であり、必然的にその土地ならではのルールや作法に則り、それが「しきたり」となり受け継がれてきているものでもある。

しかし、戦後以降の日本の変化は、生まれ育った土地を離れ、都会では欧米文化が蔓延し、いつのまにか日本の伝統文化はどこかに忘れ去られてしまったような気がしていた。

ところが、二〇一一年（平成二十三年）の東日本大震災は、日本人が忘れていた「絆」という言葉を復活させてくれた。絆がつなぐ「和の心」「和のしきたり」を知りたいと思う人たちも増えてきた。

葬儀や法事はできれば避けたいものだと多くの人は考える。だけれども、その儀式を追求すると、その土地その家のルーツにもつながり、忘れられていた伝統文化にもつながるものである。

故人に想いを寄せると同時に、ときには自分たちの過去を探ってみるのも大切である。現代に生きているマナーやエチケットも、そんな過去から生まれてきているからである。

第七章

正しく参拝できていますか？
知っているようで知らない宗教的儀式のマナー

日本人が最も身近な神社

私は、日本人は宗教心が強いと思っている。

いや、そんなはずはない……、と思っている人も多いだろう。

しかし、多くの宗教が私たちの生活のなかにはとけ込んでいる。海外では、一つの宗教で国家が成り立っていることが多い。それだけに宗教からの哲学や文化が伝えやすく、宗教心も強いと思われてしまう。

ところが、日本では神道・仏教・キリスト教が生活のなかに混在し、生活習慣の一部にもなっているので宗教心とは関係ないように思われてしまう。でも、そこから日本独自の文化も生まれてきているほどで、やはり私は日本人は宗教心が強いと思う。

一年を顧みても、正月には神社へ初詣、春と秋のお彼岸・夏のお盆にはお寺で墓参り、夏祭りや秋祭りは神社が起点となり、年末になると酉の市、そしてクリスマスパーティー等々。すべて宗教から生まれた習慣行事のなかで暮らしている。

一生を顧みても、妊娠すると戌の日に腹帯を貰いに神社へ行き、生まれてからのお宮参り、七五三でも神社に行く。結婚式はチャペルでウエディング、お葬式では仏式で成仏させてもらう。さらに、家を建てるときの地鎮祭や棟上げの行事も宗教的な祭儀である。

このように考えると、私たちが一番身近に接しているのは神社のようだ。

そもそも神道は日本民族の間に自然に生まれ育ったもので、伝統的な神祇《じんぎ》信仰である。神祇信仰は日本人の民俗信仰であり、日本固有の信仰でもある。

神様をお祀りする所が神社であるが、昔は社殿があったわけではなく、大木や巨岩、あるいは山などが神様が降りられる場所、鎮座される場所と考えられていた。

現代にも受け継がれている富士山などの山岳信仰もそのひとつで、富士山本宮浅間《ほんぐうせんげん》大社の奥宮が富士山頂に祀られている。

神社の原型は、神様が降臨すると考えられた木や岩のところに造られた建造物と考えられるが、その後、力のある豪族などが氏神を祀るために社や宮と呼ばれる神社を造っていったと伝えられる。

神社参拝のマナー

私たちはことあるごとに神社に参拝に行く。それも、ほとんどがお願いごとである。家内安全、商売繁盛、合格祈願、交通安全など多くが祈願成就である。困ったときの神頼みである。左様に日本人にとっては都合がいいのが神社であるが、せめて参拝の作法ぐらいは身につけておきたい。

参拝では、まず**鳥居の前で衣服を整え、軽く一礼してから境内に入る。**次に、**必ず「手水舎」に寄り、水で両手を清め口を漱《すす》ぐ。**手水舎の水盤には「洗心」という言葉が彫られている。つまり、両手を清め口を漱ぐことで心も洗い清めるという意味がある。

手水の作法は、右手で柄杓から水を汲み、左手にかけて左手を清める。次に左手に持ち替え右手を清める。再び右手に柄杓を持ち、左の掌で水を受けて口を漱ぐ。絶対に柄杓に口をつけてはいけない。口を漱ぎ終えたら、水を左手にかけ、水を入れた柄杓を立てて柄に水を流して柄杓置きに伏せて置く。

そして、社の神前に向かい、賽銭箱に賽銭を入れて鈴を鳴らして拝礼となる。

鈴には古来から魔除の霊力があるといわれる。また、鈴の音で神様をお招きするという意味もある。巫女《みこ》が神楽舞を舞うときに、手に神楽鈴を持って鳴らすのも神様をお招きするということで、神前の鈴も神楽鈴に由来している。

拝礼は、一般的には「二拝（礼）二拍手一拝（礼）」である。神前での拝は、最も敬意を表わす作法で腰を九十度に折って深いお辞儀をする。

「拍手（かしわで）」は、古くから日本独自の拝礼作法として、神様や貴人を敬い拝むときに用いられてきた。また、掌を鳴らすことで和合の意味もあるので、拍手は日本人の礼節のシンボルともいえる。

実は、拍手にもいろいろな叩き方がある。神様にお会いするときは音をたてるが、喪のときには音をたてずに打つ「忍手（しのびて）」。また、神社で盃を受けるときの直会（なおらい）では一つ打つ「礼手（らいしゅ）」。多人数が一斉に手を打つ「合拍手（あわせはくしゅ）」などがあり、その場に応じて使い分ける必要がある。

一般的には、音をたてて神様をお呼びする「拍手」、喪のときの「忍手」、お神酒をいただくときの「礼手」を覚えておけばいいだろう。

改まった拝礼や儀式に参加したときに行われるのが「玉串拝礼《たまぐし》」である。これは、榊や杉の小枝に紙垂（しで）や木綿（ゆう）をつけた玉串を奉って拝礼するものである。そして、**神道で葬儀を行う場合に、お焼香にあたるのが「玉串奉奠《ほうてん》」である。**

捧げ方は、神職から玉串を渡されたら右手で玉串の元から上を持ち、左手で穂先を下から支える。そして、穂先を胸の前に捧げ、両肘を張り、玉串を捧げる机の前まで進みお辞儀をする。その後、玉串を右へ半回転させて玉串の根元を手前にして、左手を元の方に下げ玉串を立てた形にして祈念する。次に右手を玉串の中程に置き、そのまま右に回し、玉串の元を神前に向けて机上に捧げる。最後に、二拝二拍手一拝して退く。

ちなみに、葬儀の場合の二拍手は忍手で行う。また、神式の金子包みの表書きは「玉串料」とする。

参道から拝殿までの歩き方

神社は私たちの日常生活にとって、おそらく一番身近な存在だ。昔は子供のときには庭がわりとなり、学校帰りにはデート気分で寄り道した。最近はパワースポットとして神社にお参りに行かれる方も多くいる。また、旅行に行けばその土地の神社には多くの人が立ち寄られる。

それにもかかわらず、最近の日本人は神社のことをあまりご存知ないのが実情だ。最近では、結婚式を神社で挙げる方も増えてきたが、神社でのお葬式は見たことがないはずである。何故なのか……。

神道での葬儀は「神葬祭」という。「祭」とはいっても、お祭りやお祝いではない。神式の祭祀は、すべて○○祭という。**ただし、神社で葬儀を執り行うことはできない。**神社は神聖な場所と考えられ、死は「穢《けが》れ」として神社に持ち込むことができないからだ。したがって、神道の葬儀は自宅や会場に祭壇を造り、そこに祭祀者の宮司が来て執り行われる。

また、**神社のルールとして喪中の家の者は、忌み期間が終わるまで参拝を慎む**とされている。父母が亡くなった場合は五十日、義理の父母、祖父母が亡くなったら三十日など、亡くなった親族によって現在も忌み期間の定めがある。

なお、伊勢神宮では皇室の例にならって、一年間参拝を遠慮する。

ただし、必ずしも神社に入るべからずではない。鳥居をくぐらず鳥居の脇を通り、神殿で参拝しなければ神社の敷地に入ることは許される。

もうひとつ付け加えるならば、月経期間中の女性も参拝を遠慮するというルールがある。それは、月経も穢れと考えられたからである。この場合も、鳥居をくぐらずに神殿での参拝をしなければ神社に入ることは許される。

神社参拝のルールで、参道から鳥居をくぐって拝殿に至るまでの歩き方がある。まず、**道筋の真中を歩くのはタブー**である。**真中は正中と呼び、神様の通る道**とされるからだ。また、神社と正面から向き合う場所でもあるので、そこを歩くのは不躾な行為とみなされる。

道筋の石畳をよく見ると、真中は大きな石が横向きに敷き詰められていることが多い。その両サイドは石を縦に敷いた道になっている。幅の広い中央の石畳は神様の道となり、**私たちは行きは右側を歩き、帰りは左側を歩くのがルール**である。拝殿でも真中での拝礼は避けて行うべきである。

先ほど、一般的な参拝は「二拝二拍手一拝」と書いたが、出雲大社系の神社は異なり「四拝四拍手一拝」となる。

神社は日本人の心のよりどころである。どんな神社でも、心配ごと、困りごと、お願いごと……、何でも神社に頼りがちである。しかし、なかなかお礼には出向かないようである。

神社に限らず、お寺でも教会でも、何かお願いごとをして成就したり、無事に過ごせたら「お礼参り」に行きたい。頼むだけでは、結局は身勝手な行為になってしまうということも忘れないようにしていただきたい。

カトリックとプロテスタント

本章の冒頭に、日本人は宗教心が強いと書いたが、キリスト教に関しては宗教心なのか、はたまたファッションなのか私にはよく分からない。年末になると日本中クリスマス一色になるが、キリスト教徒にとってはイエス・キリストの降誕を祝う祭りとして一年のうちでも最も大切な祭礼の日である。

クリスマスはプレゼントを贈る日。そんなイメージが私たちにはある。しかし、その由来は、と聞かれて、どれだけの人が答えられるだろうか。

それは、四世紀に実在したといわれる聖ニコラス司教が困った人へ贈り物をしたという説と、イエス・キリスト誕生の際に東方から来た三人の博士（賢人）たちが贈り物を携えてきた説など諸説あるが、あくまでも宗教的行事の一つなのである。

ちなみに、サンタ・クロース（Santa Claus）は、聖ニコラス（Saint Nicholas）が英語的に訛って生まれてきた名詞である。

さて、日本人がよく利用する「キリスト教式」というと結婚式である。洗礼を受けた信者でなくても、挙式だけはチャペルウエディングを挙げたいと希望される方が多くいる。ホテルで行われる結婚式の大半はそうである。また、そのような挙式に招かれることも多々あるだろうから、せめてキリスト教のイロハくらいは知っておきたい。

まず、キリスト教にはカトリック（旧教）とプロテスタント（新教）がある。カトリックの総本山はローマのバチカン市国にあるサン・ピエトロ大聖堂である。プロテスタントは戒律の厳しいカトリックにプロテスタント（抗議）して生まれた多くの教派の集まりなので総本山はない。ヨーロッパ大陸はカトリックが多く、イギリス、アメリカはプロテスタントが中心である。

北アイルランドの紛争も、この両派の対立が根底にあるくらいなので、考え方、作法に異なることが多い。

そこで、結婚式においての両派の違いを明確にしよう。

カトリックでは、「結婚は、神が男女に課した義務であり、永久的なものである。そのために、結婚式は愛し合う男女が、神の前で神の定めたことに誓い、互いに忠実に誓約することである」としている。

結婚式は神の定めた神聖なものと大変重要視され、大変厳粛なものと考えられる。そのため、カトリック教会での挙式は基本的に信者に限られるが、信者以外の場合には、数日間講義を受けてにわか信者にならないと許してもらえないことが多い。

結婚式でのタブーも多く、**式場では「肌を出すスタイル」はマナー違反**とされる。式場でのノースリーブ・ドレスは慎み、ショールなどで肌を隠す。また、写真撮影や拍手は禁止で、私語も慎まなければいけない。

一方、プロテスタントでは、「結婚は、神の教えに従うものであり、神に祝福されなければなりません。そのため、結婚式は二人が愛を誓うと同時に、神の前で誓約を行うものである。神が決めるのではなく。列席の皆さんも証人である」としている。

その意味からも、神の前で誓約したときに「この結婚に意義のあるものはいないか？」と牧師は問いかけ、意義なしを認めて成立するのである。

結婚式を司る**聖職者はプロテスタントでは「牧師」で、カトリックでは「神父」**である。

ホテルや会館で行われるキリスト教式ウエディングは、ほとんどがプロテスタント。一部カトリック信者の場合に、神父を呼んで行われることもあるが、きわめて稀である。ただ、ホテルや会館で行われるチャペルウエディングでは、会場の都合でアレンジされて独自の式次第にそって行われることも多い。

両派共通のマナーでは、**バージンロードを横切ったり足を踏み入れたりしてはならな**

い。バージンロードは神聖で穢すことはルール違反である。

挙式が行われるチャペルには友人を招くことは許される。新郎側は祭壇に向かって右側で、新婦側は左側に位置するので、招待されたらバージンロードを挟んで両家の後ろの座席につく。

ホテルや会館にある**チャペルに、傘やコート、大きな荷物を持ち込むのはエチケット違反になる**ので、かならずクロークに預ける。

これらのことを守った上で参加していただきたい。

結婚式招待状の返信マナー

ところで、結婚式には招待状がつきものである。その返信マナーを書いておこう。

招待状を受け取ったら、同封の返信はがきを使ってすぐに返事を出すのが礼儀である。期日を守らないのは論外だが、ぎりぎりまで返信を出さないのも無礼で、故意に先方をイライラさせて待たせていると思われても仕方ない。したがって、**招待状を受け**

取ったら、せめて一週間以内には返信、投函するべきだ。

返信はがきの書き方にも決まりがある。原則としては、**一字は斜め二本線で、二字以上は二本平行線で消す。**

つまり、表面の宛先の「行」を斜め二本線で消して「様」と直す。返信の「御出席」「御欠席」のうちどちらかを二本平行線で消して、さらに出席ならば「御出席」の「御」を斜め二本線で消し「出席」の二文字だけを残すようにする。

さらに、「御住所」「御芳名」の「御」と「御芳」を二本線で消して「住所」と「名」の文字だけを残すようにする。

ただ、出欠の回答だけでは、いかにも事務的な返信になってしまう。そこで、私はお招きしてくれた先様への祝福の気持ちを込めて「ご結婚おめでとうございます」などの一言を添えるようにしている。

結婚式などのお祝いの招待状の場合、一文字を二本線で消す代わりに「寿」「壽」などの文字を重ねて書く場合もある。それも、お祝いの気持ちを表す一つの表現だと思う。

最近は、葬儀式とは別に「お別れ会」も多くなり、弔事での招待状も増えてきた。その場合の返信の要領も同じだ。勿論、一言申し添える言葉は、お悔やみの一言である。

また、**欠席の場合は、先方に欠席の事情を理解してもらえるように、簡潔に欠席理由を書き添える心遣いを持つようにしたい。**

キリスト教会の葬儀式

キリスト教式のお葬式でも、両派に共通するしきたりがある。

まず、**キリスト教では供花に送り主の名札を付けないのが基本**である。送り主が誰であっても、人は神の前では平等だという考え方からである。

教会で行われる葬儀式では、聖職者（神父または牧師）の説教が三十分から一時間あり、その後、弔辞や弔電披露、遺族挨拶、献花などを行い出棺する。本来は式典が始まってからの退席や途中入場は許されないので、式典の開始十分前までには式場に入るのがマナーである。

キリスト教では葬儀式全体を拝礼とみなし、仏式のようにお焼香に間に合えば故人と向き合い、喪主に挨拶できればよしという考えではない。

故人は神の御元に召されて行くので、仏教用語である「供養・冥福・往生・成仏」などは禁句である。「御愁傷様です。お悔やみ申し上げます」など、不幸な出来事のように言うのは失礼にあたるので、「安らかなご昇天をお祈りいたします」などの文言を使うことが適切とされる。

仏式のお焼香や神道の玉串奉奠にあたるのが「献花」である。「献花」は、オルガンが演奏されるなかで、菊やカーネーションなど茎の長い白い花を一本ずつ霊前に捧げて別れを惜しむものである。

捧げ方は、

1．係員より花が左、茎が右になるように渡されたら、左掌で花を受け、右手の指で上から茎をつまむように受け取る。

2．そのまま胸の前に保持して祭壇の前まで進む。

3．献花台の前で軽く一礼する。

4. 花が向こうに根元が手前にくるように、時計回りに回しながら左手を根元まで下げ、右手を花のほうに持ち替え、さらに時計回りに回して完全に根元が霊前に向くようにして献花台の上に捧げる。

5. 黙祷する。手を合わせてもよいし、下げたままでもよい。

6. 軽く一礼して献花台の前を離れる。

7. 喪主、親族に一礼して退出する。

このような流れであるが、それほど形式張ったものでもないので、気持ちを込めて花を捧げればよい。なお、ホテルで執り行われるお別れ会は、すべて献花である。

教会はお寺や神社のように庭があって拝殿があるわけではなく、ひとつの建物になっている。それだけに入りづらい印象があるが、入口が開いていれば来る人は拒まない。クリスマスやイースターのミサ、あるいは毎週日曜日に行われる日曜礼拝にも、洗礼を受けていなくても出席することはできる。

ただし、ミサで行われるパンの断片を配る聖体の拝領は、洗礼を受けていない人はいただくことができないので、その列には並ばないように注意しないといけない。

檀家と村八分

一九四五年（昭和二十年）の終戦以後、キリスト教は日本中に広まったが、それ以前はキリスト教徒は非情に少なく、ほとんどが仏教徒、そして僅かな神道であった。

日本に初めてキリスト教が伝来したのは、一五四九年（天文十八年）のイエズス会の宣教師フランシスコ・ザビエルが薩摩に上陸したときだと伝えられる。その後、戦国時代を経て徐々に迫害を受け、江戸幕府は一六一二年（慶長十七年）にキリスト教禁止令を出し弾圧を進めた。

実は、お寺の檀家制度はここから始まった。

キリスト教の弾圧により、転びキリシタンに寺請証文を書かせたのである。もともとはキリシタンを棄教した者を対象としていたが、次第にキリスト教徒ではないという証に広く民衆に寺請が行われた。それにより、武士、町民、農民の身分を問わず特定の寺院の檀家になったのである。

これは寺院が住民を管理する制度で、戸籍を統一するために江戸幕府が行った政策でもあった。したがって、事実上国民全員が仏教徒になることを義務づけるものであった。現在でも、どこのお寺の檀家という具合に、一つのコミュニティが生きている。だから、その地域で亡くなった場合には、檀家として所属しているお寺が葬儀を取り仕切るという決まりがあった。

余談であるが、村八分も檀家制度から生まれてきている。檀家、地域のしきたりを破り、もう付き合うことはない。そのようなときに、地域で世話する十分のうち八分は見向きもしないが、葬儀は地域全員が集まって本葬する。そして、火事のときも全員で消火にあたる。その二分だけ残して、あとは排除したわけである。そんなことから葬儀屋も生まれてきたという。

それが現代の都市文化にも伝えられ、町内会などの制度にもつながっていく。

私はこのようなルーツを辿るのも好きである。ご先祖様がどのような宗派に属して、どこの檀家であったのか。それを辿ることで、地域のしきたりや作法も見えてくる。日本人と宗教、人間と信仰心ということを改めて見つめる機会でもあると思うのだが。

第八章

人生の通過儀礼「冠」のしきたり

生前の人生儀礼「帯祝い」と水天宮

「冠婚葬祭」という言葉は日常的に使われる。しかし、最近では「冠婚」が婚礼、「葬祭」が葬儀のように思われている方が多い。

実際は、「冠」と「婚」と「葬」と「祭」で、それぞれが人生儀礼として昔から伝承されているものである。

「冠」を一言でいうと、成人（元服）のときに初めて頭に被るものを冠と呼び、加冠することから始まっている。つまり、**人の誕生から成長・成熟を経て死に至るまでの人生のなかでのお祝いごとが「冠」である。**

したがって、「冠」にあたる人生の通過儀礼は母親の胎内にいる生まれる前から始まる。

ことに、生後から幼児になるまでに多くの儀式があるが、昔は乳幼児の死亡率が非常に高く、「何とか無事に育ってほしい」という願いから「よくぞここまで無事に育ってくれました」という家族の想いである。

現代でも、子を想う親の気持ちや孫を想う祖父母の気持ちが、形式的なしきたりや儀式としてのみではなく、心からの願いや祝う気持ちとして根づいている。

その一つに「帯祝い」（着帯祝い）がある。妊娠五ヵ月目の「戌の日」に、安産を願って妊婦のお腹に「岩田帯」と呼ばれる腹帯を巻く儀式である。

戌の日に行うのは、多産でお産の軽い犬にあやかってのこと。また、仏教で人の霊魂があの世とこの世の境界で行き来するのを犬が守る、と考えられていたこともあり、江戸時代から戌の日に行われるようになった。

戌の日、東京都中央区日本橋蛎殻《かきがら》町にある「水天宮」では、今時の若夫婦が「帯祝い」の安産祈願のために参拝する姿が年々増えている。それが、土・日曜日、大安、友引と重なった日には、その行列は伸び、長いときには四〜五百メートルにも達する日があるのには驚かされる。

「水天宮」は安産の神様？　と、その由緒を調べてみると、本宮は福岡県久留米市で、発祥は約七百年前にさかのぼる。

壇ノ浦の合戦で、祖母の二位の尼（平清盛の妻・時子）に抱かれて入水された八歳の安徳天皇を祭神としてその御霊をお祀りしたのが、「水天宮」である。その後、参勤交代のために江戸詰めをしていた藩士・有馬頼徳公が久留米からの御分霊を江戸は赤羽根（現在の港区三田一丁目周辺）の久留米藩有馬家家敷にお祀りした。

屋敷神なので町民がお参りすることはできなかったが、江戸っ子は信仰が厚く塀越しにお賽銭を投げ込むようになったために、毎月五日の縁日に限り屋敷を開放して町民の参拝を許した。

江戸町民は、その情け深いことに感謝するのを有馬家と水天宮を洒落て「なさけ有馬の水天宮」と呼び、江戸の流行り言葉にしたという。

その後、屋敷の移転とともに青山を経て、明治初期には現在の日本橋蛎殻町に社殿を設けた。

しかし、「水天宮」は本来は水難除け、渡航安全の神様としてのご利益でもあったのが、なぜ安産祈願になったのか……。

それは、社殿には神様をお呼びする鈴があり、その鈴を鳴らす紐を「鈴乃緒」と呼び

「水天宮」では毎月五日の縁日に鈴乃緒を取り替える。その昔、使用していた鈴乃緒をいただいて帯祝いの腹帯として用いた人が、安産祈願をしたところ、「大変に楽なお産ができた」という。

その噂が江戸中に広がり、「水天宮」へ鈴乃緒を求める妊婦の参拝が増した。お産の軽い犬にあやかって戌の日に、安産祈願を込めた「鈴乃緒」を頒けるようになったのが始まりである。

私が下町の深川森下に住んで約四十六年、「水天宮」近くの人形町界隈で飲み食いを始めて四十年以上になるが、以前はこんな賑わいではなかった。最近の若夫婦が、このような昔からのしきたりの「帯祝い」のために行列して参拝・祈願するのは驚きである。と同時に〝若者も捨てたものではない〟という想いもある。

ご祈願の腹帯によって生まれてきた子供たちが七五三を迎えたときには、その御礼も込めた家族が千歳飴を下げて「水天宮」から出てくる光景は、日本の文化を見るようで嬉しくなる。

余談だが、「水天宮」は東野圭吾氏の推理小説『新参者』や『麒麟の翼』で、テレビドラマや映画になり、境内に鎮座する犬の銅像でも有名になり、若者の参拝者がより増えるのに拍車をかけたようだ。

出産から一歳までの人生儀礼

「冠」の人生儀礼の行事は、生まれる前の「帯祝い」の後に、①出産祝い、②お七夜（命名式）、③お宮参り、④お食い初め（乳児期の行事）、⑤七五三、⑥十三詣り（幼少期）、⑦成人式、⑧長寿を祝う年祝い、と続いていく。

めでたく無事に出産すると、すぐに「出産祝い」がある。これは親戚や親しい友人など周囲の方々がお祝いするもので、親しい間柄であるならば直接、必要な物を聞いて贈るのが無駄もなくてよいと思う。

「出産祝い」は出産後二十日以内が目安だが、出産早々にお見舞いするのは避けたい。出産という大仕事をやり遂げたばかりのお母さんには休養が一番なので、お祝いを持参するよりも百貨店などから発送するほうがよい。もし、ベビー服などの衣服を贈るならば、一年後を見越した物を贈るべきである。

お祝い金品を贈る場合は、金子包みの表書きは「御祝」「御出産御祝」「御安産御祝」と書き、紅白の蝶結びの水引が基本である。


次に、出産後から行われる昔からのしきたり・行事を紹介しよう。

◎お七夜

赤ちゃんが生まれて七日目の夜。お産を祝う一番最初の行事となる。

生まれて間もなくの死亡率が高かった平安時代から、生後三夜《みや》、五夜《いつや》、七夜《しちや》、九夜《くや》に赤ちゃんの無事を祈って宴が開かれたならわしに由来し、江戸時代に幕府が七夜を公式の儀式とした。また、この頃から母体の体力も回復し、母体の安全も確認されて別名「枕下げ（枕引き）」ともいわれた。

名付けを披露する日としてこの七日目の夜を「お七夜」と呼び、この風習のみが今も変わることなく行われている。

半紙の中央に「命名○○」と名前、左側に生年月日を書いて、神棚下か赤ちゃんの枕元の壁などに貼る。この儀式では、宴や祝の品を贈るなどの風習は今日ではほとんどなく、家庭内で行うのみである。

◎お宮参り（宮詣り）

京都では「産土詣り（うぶすなまいり）」ともいわれる。

その土地の氏神様にお詣りして、生まれた赤ちゃんをその地の一員になったことを報告し、その土地の氏子になったことを認めてもらう儀式である。

また、母親にはお産の忌み明けの儀式でもあり、赤ちゃんをお母さんが抱いてはいけない。赤ちゃんを抱いてお詣りするのは、父方の祖母である。最近では、母方の祖母が抱いている姿も多い。

「お宮参り」は生まれて初めての外出で、その期日は通常男の子は生後三十一日目、女の子は生後三十二日目に行われる。京都に限り、女の子は一日早い生後三十日にお詣りする風習がある。

ただ、どうしてもこの日にというものでもないので、赤ちゃんの健康を第一に考えるべきだ。

首都圏では有名な神社を選んで車で遠出をする人もいる。しかし、できれば住んでいる土地の守り神である氏神様にお詣りし、昇殿をして神主さんにお祓いしていただくことをお勧めする。もし、土地の氏神様が分からなければ、神社本庁に問い合わせてみるといい。

「お宮参り」で神社に行くのは父方の祖母だが（父方の母〈祖母〉がいない場合は母方の祖母でもよい）、赤ちゃんの衣装となる初着（男児は熨斗目《のしめ》の羽二重《はぶたえ》、女児は友禅《ゆうぜん》縮緬《ちりめん》が正式）は嫁の実家が贈るのが習わしである。

当日は、赤ちゃんは白い内着を着て、その上に祝着（これが後の七五三衣装になる）をかけ父方の祖母が抱いたあとに、その背中で祝着の紐を結ぶ。祖母や母親は黒の紋付を着るのが正式だ。

今日では、色無地の紋付、付け下げ、訪問着で、赤ちゃんもベビードレスなどの外着の方も多くなっている。父親はダークスーツ（平服）がふさわしい。

神社へのお詣りの際は、蝶結びの金子包みに「御玉串料」または「初穂料《はつほりょう》」と表書きをして、社務所に定められた金額を納め正式参拝を申し出ると、神殿でお祓《はら》いを受け祝詞をあげてもらえる。

「帯祝い」で腹帯をいただいた下町の水天宮には、御礼参りも兼ねたお宮参りのご家族が多くなった。

◎お食い初め

赤ちゃんの生後百日〜百二十日目位に、初めてお乳以外の食べ物を食べさせるのが「お食い初め」の儀式である。関西では「お食べ始め」と言い、地方によって、その呼び方も違う。

平安時代から続く儀式で、使用する祝い膳は嫁（赤ちゃんの母親）の実家から贈る。祝い膳のセットは百貨店でも買い求められるが、男児用は皆朱塗《かいしゅぬり》（内外が朱塗り）で男紋（家紋）を金または墨で入れ、女児用は内が朱、外が黒塗で、女紋を銀で入れる習わしがある。

日本古来の考え方では、赤い色は男、黒い色は女であった。

祝い膳の高さは、男児用は低く女児用は高い。これは、男性はあぐらを組むために座高が低く、女性は正座で立て膝座りをするために座高が高くなるからである。

お箸は柳箸（両先端が削ってある）を正月同様に使用するのが正式だが、地方によっては片口箸を使用して、自分で食べられるようになるときに、その箸で箸の使い方を教わるしきたりもある。

献立の必須は赤飯、鯛など尾頭付の焼き物、吸い物、その他に「シワになるまで長寿で」との願いを込めた梅干し（奇数盛りつける）など。京都では「丈夫な歯になるように」との意味を込めて「歯固めの石」（赤・白・黒三色の小石）を膳にのせ、赤ちゃんに噛ませる仕草をさせる。

食べさせる役目の人も重要で、長寿にあやかることから近親者の最年長者が行うのが慣例である。父方母方の祖父母がまず候補に挙がるが、最近は曽祖父母も健在な方が多く、母方の曽祖母から祖母が適任者のようだ。

また、この日は赤ちゃんの「色直しの儀」でもある。

白い産着から色物の晴れ着に着せ替え、初めて「神の子」から「人間の子」になる日でもある。今日では行うことも少なくなったが、お宮参りの日に着ていた晴れ着に涎《よだれ》かけを付けて行うのが正式である。

◎初節句

節句には「節日（せちにち）の供御（くご）」という意味がある。「節日」は季節の変わり目に行う祝いの日。「供御」は神様へのお供え物で、節日に神様にお供えしたものを下げて、皆で食事をしたという風習がある。節句は、古くは節供とも表記された。

節句には一月七日の「人日（じんじつ）」、三月三日の「上巳（じょうし）」（通称「桃の節句」）、七月七日の「七夕（しちせき）」、五月五日の「端午（たんご）」、九月九日の「重陽（ちょうよう）」があり、それらを総称して「五節句」という。

そのなかで、赤ちゃんが生まれて初めての節句が「初節句」である。女の子は三月三日の「桃の節句」、男の子は五月五日の「端午の節句」にお祝いする。ただし、生まれて一、二ヵ月でお食い始めを迎えていない場合は、翌年に延ばすことが多い。

初節句ではお母さんの実家から、女の子には雛人形、男の子には五月人形を贈る。しかし、現代では両家の祖父母が相談して贈ったり、子供の両親が買い求めることのほうが多いようである。

雛人形も五月人形も、床の間に飾るのが習わしである。何段飾りであるとか、鎧兜に鯉のぼりと派手さも地方によって異なるが、両親よりも祖父母の威厳や近親者の楽しみになっているようである。

かくいう私も、雛人形を飾る手伝いをするのが楽しみであった。そして、毎年のことではあるが「お内裏様は右？　左？」と、母や祖父母が問答を繰り返した記憶があった。

これは、まさしく京都ならではの所以でもある。というのは、京都では御所の紫宸殿の造りでも、左近の桜・右近の橘が本殿から見て左と右であり、向かいから見れば「桜は右」「橘は左」にある。平安時代から日本の左上右下の古典礼法に習って、お内裏様は向かって右、お雛様は向かって左に飾られる。京都では頑固にこれを守っていたわけだ。

一般的には、雛壇に向かって左にお内裏様、右にお雛様を飾る。ちなみに、宮中では天皇が高い高御所に座して中央におられると、皇后は天皇から見て左側の一段低い座におられる。明治時代から外国との交流も始まり、国際儀礼のプロトコールからも右上位とされ、天皇皇后のお写真でも天皇は向かって左側に位置されている。

このように、赤ちゃんが生まれる前から生後一年の間に行われる「冠」の行事には、かなりの費用がかかる。それらすべてを嫁の実家が負担するしきたりがあったので大変だった。しかも、姑は家のしきたりを大切にしたことから妥協を許さなかった。

一方、嫁は嫁入りと同時にその家の家風に染まりますという「色直し」があり、これらの行事のたびに嫁と姑の争いが起きたのではないかと、私なりに推測する。

関東の七五三・関西の十三詣り

「冠」の幼児期の行事でも最もポピュラーに行われているのが「七五三」だろう。
昔の「七五三」は、男子は三歳と五歳、女子は三歳と七歳。子供の成長に応じて行われる祝いの行事で、平安貴族の家庭内で行われていた行事である。

現代では男児は五歳、女子は三歳と七歳である。

三歳：「髪置《かみおき》の儀」
女子男子ともに初めて髪を伸ばして結う。現代では女の子のお祝い。
五歳：「袴着《はかまぎ》の儀」
平安時代には男子女子ともに袴を着せたが、江戸時代からは男子に限って碁盤の上で袴を着せ、碁盤上から降りることでお祝いした。
七歳：「帯解《おびと》きの儀」
女子がそれまで着物に縫い付けていたつけ紐をとり、脇を塞いで本式の帯を締める、初めて振袖を着るお祝い。

「七五三」を十一月十五日に祝うようになったのは、徳川五代将軍綱吉の時代からである。

十一月は「一陽来復」の月である。一陽来復とは、易で陰暦十月に陰が極まり十一月の冬至に陽が初めて生じることから、悪いことが続いた後に物事がよいほうに向かうという月。十五日は満月を意味した。つまり、綱吉が子供の徳松の祝いをこの日にしたことから「七五三」が十一月十五日に定着した。

「七五三」が現代のような形になったのは江戸末期から明治時代で、東京を中心とする関東地方の風習として始まった。十一月十五日に神社へ参詣し、子供の成長と健康を感謝するとともに、今後のさらなる成長と健康を祈願する儀礼となった。

とくに千葉県や茨城県では、参詣の後に今でも派手な祝いの宴を行う。まるで結婚式のように、招待された人は御祝儀を持参して盛大に行われる。ちなみに「千歳飴」は、江戸時代後期に浅草の飴屋が考案して広まったといわれる。

しかし、関西地方のとくに京都では、「七五三」は関東ほどポピュラーではない。京都では「十三詣り」の風習のほうが、子供の成長儀礼として重要視されている。

◎十三詣り

東京や関東地方の人には聞き慣れない行事だと思う。しかし、「十三詣り」は京都では伝統的な子供の成長を祝う行事として今でも受け継がれている。

これは、陰暦三月十三日（現在は四月十三日）に数えで十三歳になった男子・女子に両親が付き添い、京都・嵐山にある「法輪寺」のご本尊「虚空蔵菩薩《こくうぞうぼさつ》」にお詣りし、知恵を授けていただくという風習で、別名「智恵もらい」ともいわれている。

お詣りの帰り道、桂川にかかる「渡月橋」を渡り切らないうちに後ろを振り返ってはいけない。後ろを振り向くと、授かった知恵と福徳が消えるといわれる。

十三歳は、女子は初潮を迎える頃で、生理的にも大人に入る時期である。後ろを振り向かないという約束事（儀式作法）を、この年齢に達した子供は守らないといけないという躾を教える行事でもあった。

この風習の始まりは一七七三（安永二年）の江戸中期で、女子は下着に赤い腰巻き、男子は六尺褌を締めて行った。

現代では、初めて振袖を新調するなど女の子の風習と思われがちであるが、実は男の子も該当している成長儀礼である。

加冠の儀

かつて十五歳になると男子は元服・成年式を迎えた。女子は十三歳頃から髪上げ・成女式を迎えた。

貴族の男子は「加冠の儀」といって頭に冠をつけ、武家の場合は烏帽子を被り、髪も大人の髪に結い、名前も幼児名から成人名に変えた。それが現代に伝わる「成人式」の由来である。

昨今の成人式で暴れる新成人を見るにつけ、情けないやら悲しいやらである。昔であれば、二十歳はすでに立派な成人で大人の歳である。結婚も晩婚が進んでいる今日は、実年齢よりも十歳引いて考えるべきなのかもしれない。

「冠」の行事には「御祝儀」が付きものである。**お祝いごとでの金子包みの水引は、紅白、赤白、金銀等あるが、その結び方には注意したい。**

水引の結び方は二種類で、「蝶結び（双輪結び）」と「結びきり（真結び）」である。**一般的なお祝いは「蝶結び」**でお渡しする。これは解くことのできる結び方で、何度繰り返してもよい祝事に使われる。結び目の先端は斜め下に向いている。

一方、**結びきりは一度結んだら解けない結びとして、結婚、弔事全般、病気見舞、快気祝いのように二度と繰り返してほしくないことに使われる。**結び目の先端は上向きになっている。

また、祝儀袋でお金を入れるときに裏袋の重ねが分からなくなることがある。そのようなときには、**お祝いごとでは嬉しくて天空に舞う気分になるので下を上に出す。しかし、悲しいときには頭を垂れるということで上を下に入れる。このように覚えておくと忘れない。**

長寿の祝い

「冠」の人生儀礼の最後は「長寿の祝い」で、その最初が「還暦祝い」である。団塊世代が続々と還暦を迎えた今日は、還暦という言葉も日常的になっている。

私が幼い頃、父方の祖母が赤いちゃんちゃんこを羽織り、赤い頭巾を冠って床の間の前に座り、家族・親族で宴を催した。私は何の祝いか解らず「おばあちゃんの誕生日だけど、毎年の誕生日とは違うな」と思っていた。当時の私の年齢からみて、随分と年寄りに感じていたおばあちゃんを祝った会が「還暦祝い」だった。

その時の母親の説明は、

「おばあちゃんは今年数えで六十歳にならはって、また赤ちゃんに戻りはるから赤いものを着てはるのえ」

昔は数え年六十一歳で、京都では「本掛がえり」と呼び、生まれ年の干支《えと》に戻ることからその祝いをした。

干支　十干：甲・乙・丙・丁・戊・己・庚・辛・壬・癸

十二支：子・丑・寅・卯・辰・巳・午・未・申・酉・戌・亥

中国から伝わり、現在も暦でその年を表すときに使われるのが十干と十二支の組み合わせである。ちなみに、一番最初の甲と子（甲子の年）、この年に建てられた野球場が甲子園である。また、戊辰戦争、庚申の乱など、歴史上の出来事を表すときにも、その年の干支を記すことがある。

この十と十二の組み合わせの最大公約数が六十で、六十一回目は元の組み合わせに戻る。すなわち、甲子の年に生まれた人が、次の甲子の年まで生きていたら六十一歳の甲子を迎える。これが「暦が還る」ということで還暦である。

この六十で元に戻るということから、六十進法で面白いことに気がついた。私たちの日本・東洋とはまったく民族も異なる西洋で六十進法の国がある。フランスである。

フランスの数の数え方は、六十で止まってしまう。六十と一で六十一、六十と二で六十二、七十は六十＋十、七十一は六十＋十一、八十は四×二十、九十は四×二十＋十、そして百である。

六十歳の還暦は中国から始まったのだが、調べてみると世界の未開地域では、生まれたときの歳が六十で、あとは引き算をしていくところもある。そして、実際に六十歳になると、今度はその人は十歳になり、十から引き算していくという。つまり、六十になると十歳の子供と同じくらいだという考えで接するのだという。ある意味で、なるほどと感心してしまう。

しかし、今日では六十歳は勤めの定年対象となるだけで、身も心も老人ではなく若い気力の方ばかりである。


還暦以降も、さまざまな長寿のお祝いの習わしがある。

七十歳の「古稀《こき》（古希）」。これは数え年で七十歳のお祝いで、中国の詩人である杜甫の「曲江詩」の一節「人生七十古来稀なり」から由来している。

それ以後の長寿のお祝い歳は、歳を漢字で表わしていて、よくぞここまで元気で来られた、と本人も近親者も実感するのである。

私は、そのいわれから「還暦」と「古稀」は人生のけじめとして大切に迎えたいと考えている。また、「喜寿」以降を迎えられた方々は、戦争の大変な時代を生きて無事にここまで人生を送られてきたので、家族・親族揃って感謝と喜びの気持ちで長寿のお祝いを行うべきだと私は思う。

【古稀以降の長寿の祝い】

喜寿《きじゅ》・七十七歳：「喜」の字の草書体が「㐂」で七十七に見える。

傘寿《さんじゅ》・八十歳：「傘」の略字「仐」は八と十になる。

米寿《べいじゅ》・八十八歳：「米」を分解すると八十八になる。

卒寿《そつじゅ》・九十歳：「卒」の字の俗字を「卆」と書くところから由来。

白寿《はくじゅ》・九十九歳：「百」から「一」を引くと「白」になる。

上寿《じょうじゅ》（百賀）・百歳または百二十歳：長寿祝いを上中下に分けると上が百歳（百二十歳）、中が八十歳、下が六十歳。

第九章

四季の祝いごと「祭」のしきたり

日本の風習と祭り

日本人は祭り好きである。お正月から始まり、公式行事の祭り、地域だけの小さな祭りなど、毎月どこかで催されている。祭りは四季の祝事であり、その土地ならではの風習として古くから伝えられてきているものである。祭りには日本の文化が宿っている。

「まつり」には、祀り・奉りなどの表記がある。

「祀り」は、神様のご降臨を祈る儀式で、「奉り」は神々を奉るものである。農耕民族であった日本人が春に種を蒔き、その年の収穫を祈る春の祭り。夏には、暑さ・日照り・大雨から作物を守り疫病退散を祈願する夏祭り。秋には豊穣を神に感謝する秋祭り。そして冬には、「正月」の大イベントがあり新しい年への祈願をする。

祭りは一年の伝統行事・しきたりというばかりでなく、人々の心を結びつける強い絆としての役割も果たしている。

そして、祭りは非日常である。つまり、ハレの時間と空間を創造する。神輿は氏神様の乗り物で、神輿が町内を練り歩くのは神様に来ていただく儀式である。したがって、神輿を先導する者や担ぐ者は日常とは違う装いで参加するのだ。

祭りの装い

私の住む家の氏神様は「深川神明宮」である。隣りの地域の「深川八幡宮」の大祭と同じで、神輿に水をかける「水かけ祭り」で有名だ。

四十五年前結婚して、家の前の通りを各町内の神輿が「わっしょい、わっしょい」のかけ声で通るのを初めて目にしたとき、それぞれの家の前に用意した水桶から洗面器やバケツで水をかける。ある家ではホースで水をかけているのには驚いた。

そのとき「神輿を担いでみたいなあ」と言ったところ、町会の長老が「神輿を担ぐには〝変な格好〟では担げねえよ」と。担ぎ手にも決まった装い〝礼装〟があることを知った。

そして、長老に「神輿の担ぎ手は町会の半纏《はんてん》に白のダボシャツ、白の股引に白の地下足袋なんだよ。ハチ巻は豆絞りか町会の手拭いよ」と教わった。

ちなみに、半纏は羽織に似ているが襠《まち》がなく襟を折返さず、胸紐も付けない上着(とくに印半纏)である。十八世紀頃から用いられ、時の老中・水野忠邦が行った天保の改革(一八四一〜一八四三年)で女羽織が禁じられると一層普及し、町人や職人が着るようになった。大工、植木職人が着る印半纏、鳶頭の革半纏、火消しの刺し子の長半纏が有名。

ダボシャツは、魚のハゼの一種のダボハゼの口にシャツの襟口が似ていることに由来する。ダボシャツはボックス型で全体にゆったりとしているが、袖口が鯉の口のようにつぼまり全体にシェイプされたシルエットの鯉口シャツも、祭りの衣装でお決まりのスタイルである。また、股引の下は白の六尺褌が正式な装いである。

現代では、祭りの賑やかな催しだけがクローズアップされているが、本来の祭祀は厳粛なものでもある。

神事としての祭祀は天皇家が司る。たとえば、毎年十一月二十三日に行われる「新嘗祭」は、天皇がその年の収穫を感謝し自らも食される大切な行事で、かつては新嘗祭までは新米を口にしないという風習もあった（この日が「勤労感謝の日」として古くから祭日になったことは知る人も少ないようだ）。

　理屈はともかく、祭りの時期が近づくと気持ちがそわそわしてくるのは私だけではないはずだ。季節を感じるとともに、祭りとともに故郷、家族、多くの友人知人たちが思い起こされる。祭りという響きのなかには、心を揺さぶる不思議な力があるのだと思う。それだけに、どのような祭りでも私は大切にしたい。

延命長寿の薬酒「屠蘇」

「冠婚葬祭」の祭の最初の行事は、正月の儀式だ。

　私が子供の頃、京都の小山家では我が家のルールで正月の儀式を厳格に行っていた。元旦の朝には家族一同が顔を揃えた。鏡餅が供えられている床の間を背に父が座り、隣りに嫡男の長男、次に祖母、母、末っ子だが二男の私、最後に姉が座る。そして明かりもつけず、玄関の鍵も開けずに正月の儀式が始まった。

父が開式の辞に続き、長男から注がれたお屠蘇を飲み、新年会の挨拶をする。そして、順次「お屠蘇」になる。三方に乗せられた三段の盃に、祝い飾りのついた錫銚子からお屠蘇を三回で注ぎ順番に飲んでから、新年の挨拶「明けましておめでとうございます」のあと、新年の抱負を話した。

「お屠蘇」は、本来は歳の若い者から順番に飲むというしきたりがあるが、小山家では父、嫡男、祖母、母、二男、姉の順で飲む習わしだった。私は「お屠蘇」が大好きで、全員が飲むと最後に父が「かための盃」と言ってもう一杯飲むのを、二回飲めていいなと子供心に思っていた。

多くの方は正月に飲むお酒を「お屠蘇」と呼んでいるが、本当は延命長寿の薬酒が「屠蘇」である。「屠蘇」は、清酒や味醂のなかに山椒、桔梗、肉桂など漢方薬六種を調合したもので、これを飲むことで邪気が祓《はら》われ寿命が延びるといわれ、新年の祝い膳には欠かせないものだ。年末になると近所の薬局で「屠蘇散」を買って、我が家で調合していた。

幼児や酒が飲めない人の場合には、盃に口をつける仕草をして飲む真似だけでもよいとされている。

お正月のしきたり

正月の大切なお供えが「鏡餅」。京都では「お鏡さん」とさんづけで呼んでいた。「鏡餅」は、豊作をもたらし五穀豊穣を守る年神様へのお供えである。二段に重ねる餅は、米から作られるもので神様から授けられた賜物として、それを供えることで感謝の気持ちを表している。

京都でお供えしていた「お鏡さん」は、

一．鏡台に白い和紙を敷き、着物と同じに向かって右が上にくるようにして折り重ねる。

二．その上に「裏白」（穂長）を敷き、譲葉《ゆずりは》をそえる。

三．譲葉の上に鏡餅を二段重ねる。餅は関東のように大小の差はあまりない。

四．餅の上に昆布を左右横に垂らし、昆布の上に干柿を置く。

五．干柿は一本の竹で十個を串刺しにして、左右二個ずつ、中央六個を少し離して置く。

（外はにこにこ、内は仲むつまじくの意）

六．干柿の上に橙を乗せる。

これが京都の「お鏡さん」だったが、十二歳で東京に出てきて初めて迎える正月の「鏡餅」の飾りが賑やかだったのには驚いた。それは、中央に伊勢海老が飾られ、橙の上に扇や松竹梅、鶴亀などのおめでたい熨斗があったりで、餅が見えないくらいの四手（御幣・紙垂）が垂れていた。

また、玄関のしめ縄も違っていた。関東での「しめ縄」は神社の鳥居や本殿、自宅の神棚に飾るものを指し、玄関や門口に飾るのは「しめ飾り」といって、その略式を「輪飾り」と呼んでいる。「しめ飾り」にも海老がついていたが、京都ではつかなかった。

正月に欠かせないのが「お雑煮」で、関西では丸餅、関東では切り餅が一般的である。調べてみると、富山市と高岡市の中間から彦根、鈴鹿、津をラインで引いて、その西側と東側に分かれるようだ。

関東は澄まし仕立てだが、関西は白味噌仕立てである。

雑煮椀も京都では厳格な決まりごとがあった。朱塗りの椀は男性用で、黒塗りの椀は女性用。つまり、男性は＝陽＝赤、女性は＝陰＝黒、という平安時代からの陰陽易の教えが伝承されている。外側が同じ朱塗りの椀であっても、女性用の内側は黒塗りで、ことに内側の塗りにはこだわっていた。

また、お正月には普段の箸は使わずに「柳箸」を使用する。柳箸は両先端が削ってあり、どちらが先か解らない。その箸は、和紙の箸入れに収められ、箸入れには各自の名前が書かれていた。

但し、父だけは「主人」と書かれていた。私も一家の長になって「主人」と書かれたときには身が引き締まった憶えがある。

この柳箸は正月三が日は洗ってはいけないという風習があり、不衛生かもしれないが三が日はそのまま使っていた。三が日以降は洗って七日の「七草粥」の日まで柳箸を使う。私はその間は正月気分を満喫していた。

お節料理など重箱の中の料理をとる菜箸には「蓬莱・宝来」と書かれていた。

正月の飾り物や食事も関東と関西で大きく異なるように、全国各地によってそのしきたりは千差万別である。

「鏡餅」は一月十一日に「鏡開き」で食べる風習がある。このとき、鏡餅は切らずに木槌などで割って食べる。餅が乾燥して固くなっていることもあるが、切るという言葉を忌むためでもある。そのために開くという縁起のよい名前なのである。

「鏡開き」で割った餅は、汁粉や雑煮でいただくが、神様の御霊の宿った餅を食べることでご利益をいただく意味もある。

五節句の伝統行事

日本の伝統的な「祭」の行事が五節句（五節供）である。

五節句の「節」は、中国の暦法で定められた季節の変わり目。暦のなかで奇数は陽で、陽が重なると陰になるとして、それを避けて邪気を祓うという目的から行事が行われていた。五節句は日本の宮中から年中行事となり、江戸時代には公式に定められた行事となった。

節日は奇数の月日の数字が並ぶ日で、一月一日、三月三日、五月五日、七月七日、九月九日で、一月のみ七日を節日とした。

節日には神様に食べ物を供える習慣があり、この供え物を「節供」と呼び、神様に供えたあとで家族揃っていただくことを「節振舞（せちぶるまい）」という。

お正月料理を「御節」というのも、ここから由来している。

◎人日《じんじつ》の節句・七草の節句〈一月七日〉

五節句の一番目の節句である。

大正月（一日元旦）が終わり小正月（十五日）の初めとして、今年一年の邪気を祓って「七草粥」を食べる行事で、正月の松の内はここまでだ。

古代中国では、正月一日から「鶏」「狗」「猪」「羊」「牛」「馬」の順に獣畜の占いを行い、七日に人の占いを始めたことから「人日」といわれる。この占いは一年の運勢を占うものであった。

唐の時代には「七種菜羹（ななしゅさいのかん）」という七種の菜が入った吸い物を

食べて無病のまじないとした。それに由来して、後に日本では「七草粥」が食されるようになった。

春の七草は、せり・なずな・ごぎょう・はこべ・ほとけのざ・すずな・すずしろの七種。これら旬の植物を食べれば自然界から新たな生命力が授かり、無病息災で長生きできるとされている。

お正月のお酒やご馳走で疲れた胃腸をいたわるとともに、正月気分のケジメをつける意味でも「七草粥」を食べる行事は続けていきたい。

◎上巳《じょうし》の節句・桃の節句〈三月三日〉

上巳というのは、旧暦三月の上旬の「巳の日」という意味である。

古来中国では、この日に人形などを川や海に流して穢《けが》れを祓う行事が行われていた。それが日本に伝来して、草や藁で作った人形に穢れを移して川に流す「流し雛」の風習になっていく。

また、桃の花が咲く時期と重なることと、桃が邪気を祓い長寿を保つという中国思想の影響から「桃の節句」とも呼ばれるようになる。

本来は性別と関係のない行事だったが、平安貴族の子女が人形で貴族の生活を遊ぶようになり、そのとき限りの流し雛が鑑賞用の人形に変わって女の子の誕生と成長を祝う行事になっていく。

今日のような雛壇の雛人形になったのは、江戸時代に京から大奥入りした女性が京を懐かしみ、一対の雛人形を天皇皇后に見立て、雛壇を平安御所に模して飾るようになったからだと伝えられる。それで「ひな祭り」とも呼ばれるようになった。

◎端午《たんご》の節句・菖蒲の節句〈五月五日〉

端とは「初め」で、五月の最初の午（五）の日で、五が重なるのはめでたいということから五月五日になった。

五月は中国では「物忌み」の月とされ、邪気や災厄を祓うために魔除けの力がある薬草といわれた「菖蒲」の葉を家の周りに吊るしていた。

もとは女性のための節句であったが、「菖蒲」と「尚武」をかけて、武を尊ぶ、男の武を競い立身出世を願うものとして男の子の成長を祈る節句へと変わっていく。江戸時代、徳川幕府は三月の女子の節句と対にする形で、端午の節句を男子の節句に定めた。「鯉のぼり」も、江戸時代に武士が戦場に赴くときに立てた「幟《のぼり》」を町人が真似て立てていたものに、江戸の商人が鯉を描いたのが始まりである。〝竜門〟という急流を登りきった鯉は竜になるという中国の故事（登竜門）から、鯉には出世と健やかな成長を願う親の気持ちが込められている。

端午の節句が男子の初節句のときには粽（ちまき）を食べ、二年目からは柏は新芽が出るまで古い葉を落とさないことから、「家督が途絶えない」縁起物として柏餅を食べる風習もあった。現在は、柏餅は東日本で、笹の葉で包んだ粽は西日本で多く食べられるようである。

また、この日に菖蒲の葉や根を入れて沸かす「菖蒲湯」は、邪気を祓い健康でいられると伝えられる。さらに、菖蒲は「勝負」との語呂合わせで、武家社会では合戦での勝利にもつなげて考えていた。

◎七夕《しちせき》の節句・笹の節句〈七月七日〉

七夕と書いて「たなばた」と読むのは何故か？

七夕行事は、牽牛星（わし座のアルタイル・ひこ星）と織女星（こと座のベガ・おり姫）が天の川を挟んで会うというロマンチックな中国の伝説で、織女《しょくじょ》にあやかり機織りや縫い物の上達を願う「乞巧奠（きこうでん）」の行事である。

そこに、日本古来の祖先の霊を祀るために織り上がった布を祖先に捧げる行事が加わり、祖先に捧げる布を織る女性「棚機津女（たなばたなつめ）」の伝説が合体して「たなばた」の呼び名が生まれた。

七夕行事は、海辺や川の淵などに水辺の棚（祭壇）をしつらえ、そこに神様を迎えるために神の衣を織って奉納する儀式で、衣を織る織機を棚機（たなばた）と呼び、織る神女を中国の織女と同一化している。また、川や海で禊《みそぎ》を行い神様に穢れを持ち去ってもらうことから、笹竹に願いごとを短冊で飾りつけ海や川に流す風習も生まれた。

七夕の日に降る雨は清めの雨・禊の雨として短冊が流されるほど降ることを期待された。

一方、農村では貴族や武家とはまったく異なる七夕行事が古くから行われてきた。それは、お盆行事の前段階としての「祖霊祭」で、この日にお墓の掃除をしたり仏壇を清めるのである。つまり、七夕の行事はいくつもの要素が加わってでき上がった風習なのである。

ちなみに、平塚の七夕祭りは七月七日に行われるが、仙台の七夕祭りは旧暦の八月六日から八日に行われる。京都も八月七日に行われる。

◎重陽《ちょうよう》の節句・菊の節句〈九月九日〉

一月、三月、五月、七月の節句は現代でもその行事が行われているが、旧暦の九月九日の節句は知らない人がほとんどだと思う。また、重陽（ちょうよう）も読めなければ、その意味も多くの人は解らないだろう。

陰陽易では陽数（奇数）の最大である「九」は、縁起がよく吉の数である。その九が重なることから「重陽」あるいは「重九（ちょうきゅう）」と呼ばれた。

しかし、別名「菊の節句」とも呼ばれ、菊人形の観賞会などがニュースで報道されるのを見れば、これが重陽の節句と関係していると思い当たるのではないだろうか。

重陽の節句は、中国故事で九月九日に災難が降り掛かると予言された男が、教えられた通りに高い山に登り「菊酒」を飲んだことから災いを免れた、ということにちなんで行事が生まれた。中国では、この日の行事は高い所に登り、菊花を浮かべた酒を飲むと災いを避けられるという風習がある。

中国で菊は「翁草（おきなくさ）」「齢草（よわいくさ）」などと呼ばれ、邪気を祓い長生きする効能があると信じられている。日本には平安時代に伝来し、「菊花の宴」として宮中の儀式になり、江戸時代には公式の行事となった。

しかし、明治以降は次第に忘れ去られて、菊を鑑賞したり菊人形を作る習慣だけが残った。ただ、地方によっては「お九日（おくんち）」と呼び収穫祭にあてた。秋祭り氏神祭などの風習の一つで、長崎の氏神である「諏訪神社」の秋季大祭「長崎くんち」もここから由来している。

五節句は、現在でも各地で行われる節目の行事で、日本の美しい四季の風物でもある。これらの行事の前後には地域の氏神様で春祭り、夏祭り、秋祭りなど庶民の祭りも開かれる。

五節句の「上巳の節句」から「重陽の節句」までは、ほぼ農作業の期間とも一致する。穢《けが》れや災いをお祓いする五節句には、庶民にとっては家内安全、豊穣祈願の願いもあったのだと思う。私たちのこの国を知るためにも、大切に残していきたい行事である。

直会と手締め

祭りの最後には神社や町内の詰め所で、祭事に参加したもの一同での「直会（なおらい）」の行事がある。

「直会」は、祭祀の斎戒を解き平常に直る意味であるが、一般的には打ち上げの酒宴と思われている。本来は、祭祀で神霊が召し上がったものをいただき、神霊との結びつきを強くし、その加護を期待するもので、神社本庁の神社祭式では具体的な作法も定めている。

しかし、そのような堅苦しいことに縛られてもしょうがないので、せめて乾杯の前に拍手を一つ打つ「礼手」くらいは実行し、あとは酩酊しないように心掛ければいいと思う。

そして、最後は手締めとなる。

手締めは現在でもいろいろな場面で行われる。会社などの行事の最後や、学生でも体育会系などでは日常的に行われる。しかし、縁のない人にはまったく経験もないという人もいるので、正しい手締めを書いておこう。

手締めは、もともと争いごとでもめた者同士が和解する際に始めた。お互いに物騒な刃物は持っていないことを示すために、指を開いてから拍手した。

相撲で土俵に上がった力士が、柏手してから両手を左右に広げるのも、武器を持っていないという意味である。

手締めの打ち方には「三本締め」と「一本締め」があり、一本締めは三本締めの省略である。

手締めは最初の掛声で「お手を拝借！　ヨーオ」で始め、
一本締めは、「チョチョチョン・チョチョチョン・チョチョチョン・チョン」
つまり、三・三・三・一で、三＋三＋三は「九」なので九に一（チョン）で丸という字で収める。これを三回繰り返すのが三本締めである（江戸歌舞伎、襲名等は一本締め）。

たまに格好をつけて拍手一回だけの「ヨーオ！　チョン」と締める人がいるが、これは極めて下品な締め方で〝一丁締め、又はチョン締め〟といい「一本締め」ではない。まさにマナー知らずの行いなので、やってはいけない。

三は縁起の良い数とされる。中国から伝えられた陰陽思想では、偶数は陰の数として縁起が悪いと考えられて、反対に「三」「五」「七」「九」の奇数は縁起が良い数で、お祝いに用いられた。最後にチョンを足すと十の偶数になってしまうが、これは日本的に丸く収めるという風習から生まれたものと理解していただきたい。

マナーやエチケットにこだわるほどに、日本の伝統的な風習やしきたりにゆきつく。

日本人が日本のことを知らない、自分たちのルーツに興味がないと言われて久しいが、それが日本の国力の弱さになっていくのではないかと、私は常々危惧していた。

そんななかで、二〇一一年（平成二十三年）三月十一日に東日本大震災が起きた。東北地方を中心に日本は打ちのめされた。そのなかから死語になりつつあった「絆」という言葉も復活し、日本人の素晴らしさを世界に示そうという気概も芽生えつつある。

私はそのためにも日本を知ること、自分たちの生きてきた「しきたり」や「躾」を後世に伝えることが大切だと感じている。本物の日本の姿を知ることから、新しい本物の日本が生まれてくると信じている。

おわりに

最後に、私が本書を書くにあたり、今日ここまで生きてこられたのは、多くの友人に支えられてきたからである。なかでも学習院時代の友人たちは、私の生き方、職業の大きな支えになったことを記しておきたい。

昭和三十年の九月、親元の京都を離れて東京の叔父の家に世話になり、昭和三十一年四月、学習院中等科に入学して以来、京都時代とは別に東京に来てから、マナー・エチケット、行儀作法を身につけるきっかけをいただいたのも、何かとご自宅にお招きいただき、ご家族と一緒に食事をさせていただいた同級生のご家庭である。

ことに、私が葬儀業に入るきっかけをもつくってくれた橋本晃明君とは、学習院中等科の入学式以来、親友になった。

もともと橋本家は、三井系企業で幹部をされていた家系である。ご自宅も大きな家で、事あるごとに食事に呼ばれた。由緒正しい家というのは、礼儀作法、テーブルマナーなどもきちんとしていた。そのようなご自宅で見よう見まねで食事をご馳走になりながら、京都の両親や東京の育ての親に恥をかかせたくない、という気持ちもあり、自分なりに精一杯の行儀作法で対応したことを覚えている。

彼のご両親は他界されたが、東洋水産社長、三井食品会長を歴任された橋本晃明君とは今でもご本人のみならず、ご兄弟とも親戚以上でかけがえのない家族と思っている。「名迷会《めいめいかい》」はこの橋本家での友人の集いから始まった。

とりわけ、今も脈々と続く「名迷会」のメンバーには支えられ、そのご家族に育てられたとつくづく思う。ちなみに「名迷会」とは、未《ひつじ》年生まれから〝めいめい会〟と名付け、今でも家族ぐるみでの付き合いが続いている。毎年泊まりがけのゴルフや温泉旅行をはじめ、夫婦同伴での忘年会など、その絆はかたい。

メンバーで、毛筆書の老舗である日本橋・紫山堂会長・近藤昌義君の場合は、ご本人の結婚式の司会から、ご両親のご葬儀、子供たちの結婚式などすべて私がプロデュースさせていただいた。

つまり、名迷会メンバーのほとんどの人たちの結婚式、親御さんやお身内のお弔い、お子さんたちの婚礼までさせていただく喜びが、私の自信となりプロとしての信用を得ることにもなったと思う。

今回、執筆の大きなきっかけを作ってくれたのは東大寺二百二十世別当の北河原公敬君である。北河原君は奈良から単身で学習院中等科、高等科に在籍していて、京都が実家の私とは、冬休み・夏休みのたびに一緒に列車で京都まで帰っていた仲である。

北河原君が所用で東京に来た二〇一二年（平成二十四年）の春冬、彼を東京駅まで送る車中で彼の本が出版されるのを伺い、「よし、自分も頑張ろう！」と奮起したのが大きなきっかけにもなった。

同級生の島崎晃君は単身イギリスに渡り、英国ウェールズ西部のカーディガン町で日本人初の議会議員になって活躍している。

等々、同級生たちの活躍を目の当たりにするたびに「私も負けていられない」、人生まだまだこれからだと意気高昂していった。

それとともに、おしゃべり好きの私のおしゃべり＝講演などで、私の想いを簡潔にまとめていただき、執筆に対しても補佐していただいた「イワキ総研」の高橋美乃さん、出版に当たりご尽力いただいたコピーライターの武南恩さん、出版プロデューサーの原田英子さん、ワニプラスの佐藤俊彦さん、皆さんのご協力によりこの本が誕生した。本当に感謝の気持ちで一杯である。

二〇一三年　新年を迎えて

小山高夫

今さら訊けない、大人のマナーとエチケット

「平服でお越しください」さて、どうする？

著者 小山高夫

2013年2月25日 初版発行

小山高夫（こやま・たかお）
1943年、京都市生まれ。冠婚葬祭プロデューサー。学習院中等科・高等科を経て、1966年に学習院大学を卒業。アパレル用服飾付属品製造卸業に従事した後、1994年から冠婚葬祭の世界に転身、葬儀社の営業統括部長に。1997年にはハッコ エンドウ ウエディングス帝国ホテル店グループマネージャーに就任。2006年に同社を退社後、株式会社小山セレモニー代表取締役に。現在も同社相談役を務める傍ら、株式会社 明治座 料飲事業本部顧問、一般社団法人 学習院桜友会常務理事、一般社団法人日本橋倶楽部評議員としても活動。マナー、エチケット、接客・接遇についての講演会も行う。

発行者 佐藤俊彦
発行所 株式会社ワニ・プラス
〒150-8482
東京都渋谷区恵比寿4-4-9えびす大黒ビル7F
電話 03-5449-2171（編集）

発売元 株式会社ワニブックス
〒150-8482
東京都渋谷区恵比寿4-4-9えびす大黒ビル
電話 03-5449-2711（代表）

装丁 橘田浩志（アティック） 小栗山雄司
企画構成 武南 恩
編集協力 原田英子
印刷・製本所 大日本印刷株式会社
DTP 株式会社ノアズブックス

ISBN 978-4-8470-6059-5
ワニブックス【PLUS】新書HP http://www.wani-shinsho.com